北京市教育科学规划优先关注课题
"规范校外培训机构管理的长效机制研究"（ACEA19004）

校外培训

家庭焦虑、市场失灵与规范发展

杨程 著

九州出版社
JIUZHOUPRESS

图书在版编目（CIP）数据

校外培训家庭焦虑、市场失灵与规范发展 / 杨程著
. -- 北京 ：九州出版社，2022.1
ISBN 978-7-5108-7946-3

Ⅰ．①校… Ⅱ．①杨… Ⅲ．①中小学生－校外教育－
教育管理－研究－中国 Ⅳ．①G632.0

中国版本图书馆CIP数据核字(2022)第009722号

校外培训家庭焦虑、市场失灵与规范发展

作　　者	杨　程　著
责任编辑	邓金艳
出版发行	九州出版社
地　　址	北京市西城区阜外大街甲 35 号 (100037)
发行电话	(010) 68992190/3/5/6
网　　址	www.jiuzhoupress.com
印　　刷	北京九州迅驰传媒文化有限公司
开　　本	720 毫米 ×1020 毫米　16 开
印　　张	13
字　　数	179 千字
版　　次	2022 年 3 月第 1 版
印　　次	2022 年 3 月第 1 次印刷
书　　号	ISBN 978-7-5108-7946-3
定　　价	42.00 元

序　一

　　改革开放以来，我国教育事业发展取得了显著的成效。特别是党的十八大以来，通过深化教育领域综合改革，坚持优先发展教育事业、加快推进教育现代化、建设教育强国，已经建起了当今世界规模最大的教育体系，教育总体水平显著提升。但是，我国教育仍面临着大而不强、大而不优、大而不特等现实情况，教育发展中仍存在一些亟待解决的问题，校外培训治理是其中的重要问题之一。

　　一方面，治理校外培训是当前教育发展的现实需要。当前不参加校外培训的学生成绩可能下降、排名可能倒退，很多家长和学生被裹挟其中，引发了全社会的培训焦虑。通过规范校外培训，可以缓解家庭教育焦虑。另一方面，治理校外培训也是构建教育良好生态的长远考量。当前不规范的校外培训行为影响了校内教育体系的正常教育教学活动，影响了教育公平，影响了人才选拔制度，长远来看有可能阻碍立德树人根本任务的落实，弱化学校教育主阵地作用，不利于学生全面发展、健康成长。给校外培训热降温，是建立人民满意教育的基础，是建设高质量教育体系的保障。

　　从作者的研究中，可以梳理出校外培训治理实践中的三个关键点：一是谁来治理。校外培训治理长效机制构建是一项系统工程，必须统筹有关部门各司其职、分工协作，形成综合治理合力。教育行政部门全面深化教育领域改革，切实解决教育面临的深层次问题，重点负责办学许可证的审批、超纲超前教学、提升校内教学质量等方面的重任；立法部门要加强针对校外培训的法治工作，加快研制校外培训法律法规，依法治理校外培训；发改部门要尽快制定出台加强校外学科类培训收费监管的政策意见，科学制定收费标准；公安部门要严厉打击涉校外培训违法犯罪，做好相关风险防范应对处置工作；市场监管部门把好入口关，做好校外培训机构登记工作；人民银行、银保监、证监部门及时出台专项政策，加强校外培训预收费账户和资金监管，清理整顿培训机构融资、上市等行为。二是如何治理。治理行动开展以来，行政部门采取了一系列的手段开展校外培训的治理，包括证照治理、收费治理、时间治理、教师资格治理、资金治理、合同治理、广告治理、安全治理、身心健康治理、课程治理等多种举措。三是效果如何。政策制度体系从"基本空白"到"逐渐健全"；治理方式方法从"单一治理"到"多元治理"；培训机构从"乱象丛生"到"逐渐规范"；学校教育教学从"教学为主"到"多维发力"；社会氛围从"普遍焦虑"到"渐趋理性"。

可以说，本书紧密结合当前教育改革发展实践，通过深入、细致、翔实的研究为校外培训规范发展提供了新的理论成果和实践方法。同时，我们应该看到校外培训治理仍存在一些难点，校外培训规范发展仍任重道远，也希望本书能够给读者以启发，涌现出更多的成果，共同推动校外培训长效发展，共同推动教育改革发展，共同营造良好教育生态，为实现教育强国做出新的更多的贡献。

北京外国语大学特聘教授、国际教育学院院长　秦惠民

序　二

　　校外培训治理是当前的难点问题，围绕校外培训规范发展展开研究恰逢其时。从研究内容而言，涉及了校外培训的概念界定、家庭参与校外培训情况、线上线下培训发展的历程、政府治理经验与难点、校外培训机构自治等内容，并根据研究提出了家庭、学校、行业、社会和政府协同治理的"五位一体"共治模式，研究内容紧贴当前教育改革发展热点，研究细致全面，为校外培训机构规范发展提供了参考。

　　近年来，我与杨程多次探讨、交流校外培训规范发展问题，很多想法不谋而合，特别是要坚持依法治理校外培训，通过法治途径使校外培训良性发展。回顾我国40多年的改革开放历程，是教育法律体系不断建设完善的历程，也是校外培训不断发展壮大的历程，在这个过程中，校外培训发展始于政策支持，长远来看构建校外培训机构治理的长效机制必须将其纳入法治轨道。"双减"政策的颁布，为校外培训规范治理提供了政策支撑和制度保障，只有把法治作为基本思维方式和工作方式，才能落实好"双减"行动，才能真正使"双减"政策落地见效，才能确保治理体系的系统性、规范性、协调性，最大限度凝聚社会共识。在本书中，作者在树立依法治理的理念、健全完善相关法律法规、加强释法宣教工作、打造专业化的教育执法队伍等方面提出了依法治理校外培训的具体方式方法，为依法治理提供了思路。

中国民办教育协会培训教育专业委员会作为行业自治组织，在校外培训规范发展的治理过程中，积极为政府部门决策提供咨询服务，开展校外培训行业引领、行业自律、行业协调、行业维权、行业服务等活动，引导带领全行业坚持党的领导，坚持社会主义办学方向，坚持立德树人，坚持教育的公益性，坚持规范、可持续发展。在当前校外培训治理的重要时间节点，协会第一时间率有关校外培训机构联合发出倡议书，坚决拥护中央决策部署，起到了很好的引领作用。同时，针对校外培训机构遇到的实际问题，协会积极帮助机构解决在转型发展中遇到的退费、裁员、退租等难题，维护了行业的口碑与声誉，在支持、规范校外培训发展中切实发挥了行业协会应有的作用。

我也希望今后能够涌现更多的帮助校外培训规范良性发展的相关作品和研究成果，研究探讨校外培训发展问题，群策群力，推动校外培训健康、持续发展，为满足人民群众需求、建设高质量教育体系作出新的贡献。

中国民办教育协会培训教育专业委员会执行理事长兼秘书长　王文博

自 序

　　校外培训治理是当前的热点问题，校外培训负担过重已经成为一个不争的事实，家长焦虑、学生压力过大已经是一个比较普遍的现象，表现为应试教育倾向严重，教育"军备竞赛"……党中央、国务院高度重视，人民群众非常关注。校外培训治理是当前的难点问题，自 2018 年 2 月，教育部牵头开展专项治理行动以来，各地采取了多项治理举措，缓解了校外培训疯狂发展的局面，但不容否认，治理成效尚未完全达到预期的效果，"剧场效应"已经形成，良好的教育生态被扰乱，人民群众教育的获得感降低。深入开展校外培训治理有利于遏制校外培训教育中的违规行为，有利于推动校外培训教育健康有序规范发展，有利于减轻学生和家庭负担，为提供人民群众满意的教育奠定基础。

　　基于笔者的研究，形成了校外培训行业长远发展的 10 个基本观点，希望为校外培训规范发展提供参考。

　　观点 1：肯定校外培训的历史地位。改革开放以来，校外培训满足了家庭"补差型"和"培优型"的教育需求，提供了个性化、多元化的教育服务，为我国教育事业的发展贡献了力量，即便现在也发挥着作用。

　　观点 2：承认校外培训的当前乱象。校外培训教育加剧了学生学业负担，加重了家庭经济负担，引起了新的教育不公平，特别是资本助力下线上培训的疯狂发展更是引发了社会的不安，这些不容否认，要在承认乱象

5

的基础上推动校外培训规范发展。

观点3：直面校外培训的市场需求。校外培训之所以在治理过程中仍然发展，最根本的原因在于市场有需求、家长有需求、学生有需求，即便是从长远发展来看，市场需求依旧会存在，如果仅采取堵的方式，很多需求将转入地下，发展成家教、家长组班等形式，反而不利于治理，要做到"疏堵结合"。

观点4：坚持依法治理，不能简单地取缔校外培训。目前，有一种声音是取缔校外培训，笔者认为这不是理性的治理方式。以公有制为主体、多种所有制经济共同发展的基本经济制度是社会主义市场经济体制的根基。落实社会主义市场经济，必须依法治理，在法治的轨道上进行规范治理，而不能采取以行政命令取缔校外培训的非理性的措施。

观点5：坚持综合治理，推进校外培训规范发展。校外培训规范发展是一项系统工程，必须统筹家庭、学校、行业、社会和政府，有关部门各司其职、分工协作，形成综合治理合力，确保积极稳妥推进。

观点6：坚持党的领导，推动校外培训由以"智育"为主向德智体美劳"五育"并举转变。党的教育方针中指出要培养德智体美劳全面发展的社会主义建设者和接班人，从长远发展看，校外培训要转变培训理念，突破以"智育"为导向的藩篱，推动校外培训向德智体美劳"五育"并举转变。

观点7：推进体育、艺术、综合实践等素质类校外培训的有序发展。目前，我国整体国民素质仍有待提升，可加强科学、兴趣、才艺、体育等方面的培训，这些校外培训可以提供校内教育无法满足的个性化需求，要与学科类校外培训分类治理。

观点8：建立风险评估机制，及时预警，做好风险防控。当前行业中破产倒闭趋势加剧，公司裁员导致从业人员下岗趋势加剧，小作坊市场、家教补课趋势加剧等，需要行政部门予以关注并防范。

观点 9：缓解校外培训行业从业人员的不安情绪。2020 年受到新冠肺炎疫情的冲击，校外培训机构损失较大，加之"双减"政策的最强监管，当前校外培训处于非常被动的舆论、发展环境中，包括举办者、教师在内的行业从业人员出现了不安、恐慌情绪。事实上，很多从业者对校外培训都有感情，也是谋生的一种途径，在治理过程中也需要考虑从业人员的现实情况，给予教育从业者充分的人文关怀，缓解从业者的压力。

观点 10：引导校外培训机构支持中西部薄弱地区的教育。通过政府购买服务、开展校外培训公益事业、校外培训机构教师对口援助等方式，将校外培训机构积累的优质教育资源引入中西部教育薄弱地区，推动这些地区教育教学质量的提升，促进教育公平，助力乡村振兴。

为了支持以上基本观点，本书对已有研究进行了文献述评，厘清了线下线上校外培训机构的发展历程，调研了家庭参与校外培训机构的情况，分析了政府对校外培训的治理情况，探讨了校外培训机构规范发展的自治，引入了新东方、好未来、爱学习、小天鹅等校外培训企业案例，提出了"家庭、学校、行业、社会、政府"校外培训规范发展"五位一体"共治模式，希望对校外培训关注者提供一些参考与思路。

目　录

第一章　校外培训研究概述

自 2018 年开展校外培训治理以来，校外培训的发展受到社会各界的广泛关注。政府层面健全完善了相应的法律法规，并据此开展了校外培训治理行动；校外培训机构层面配合治理并做了合规性自查，以期谋求长远发展；行业协会层面做好政府与企业之间的桥梁，推动行业稳健合规长远发展；家庭层面对校外培训机构的依赖日趋加重，教育"内卷"日益严重，"剧场效应"在一定区域内已然形成；学校层面加紧改革，不断提升教育教学质量，提供丰富多彩的课后服务活动，满足学生和家长的需求；社会层面基本形成了校外培训既带来正面影响，也存在负面影响的共识。如何更好地认识校外培训，推动校内校外协同育人，值得深入研究。本章从选题缘由、概念界定、类型划分、研究意义、研究设计和研究方法展开论述。

第一节　选题缘由

一、校外培训治理是建设高质量教育体系的重要一环

党的十九届五中全会审议通过了《中共中央关于制定国民经济和社会发展第十四个五年规划和二〇三五年远景目标的建议》，为我国"十四五"

期间及 2035 远景发展提供了遵循。其中，提出"要建设高质量教育体系。支持和规范民办教育发展，规范校外培训机构"。这表明能否建成高质量的教育体系，校外培训是其中的重要一环。那么，如何推进校外培训规范发展，支持高质量教育体系构建，成为当前面临的重要研究问题之一。

二、校外培训过度发展影响了正常的教育生态

校外培训的过度发展引起了社会各界的广泛关注，特别是当前校外培训越来越盛行，原本应该是校内教育的补充，然而如今却成了强化应试教育的"助推器"，家长和学生负担的"增压器"，扰乱了正常的教育教学秩序。基于此，自 2018 年以来，全国各地在党中央、国务院的领导下，针对校外培训开展了一系列的规范治理行动，按照"标本兼治、内外联动、疏堵结合、积极稳妥"的工作思路，教育部门与相关部门密切合作，推动各地治理培训乱象，取得了阶段性进展。这种"运动式"的治理在短期内虽然起到了"灭火"的作用，但校外培训治理长效机制构建仍是摆在教育治理中的一道难题。

三、校外培训急需步入正常发展轨道

改革开放以来，校外培训不仅满足了家庭"补差性"和"培优性"的教育需求，而且提供了个性化、多元化的教育服务，为我国教育事业的发展贡献了力量，即便从长远发展来看，市场需求依旧会存在。当前的培训乱象不容否认，特别是资本助力下线上培训的疯狂发展更是引发了社会的不安，包括政府、学校、家长及举办者在内的多方均陷入了校外培训引起的教育焦虑之中，如何步入正轨，实现校外培训的规范有序发展，需要通过深入研究找到破解之道。

第二节 概念界定

关于校外培训的概念，国内外学者采用了不同的术语加以界定。其中，最早的研究界定为"影子培训"。20世纪90年代初期，斯蒂文森和贝克尔（Stevenson & Baker）根据补习活动作为学校教育的跟随和模仿的特征，将校外培训比喻为"影子教育（Shadow Education）"①，随着马克·贝磊（Mark Bray）在《影子教育体系》②一书中的传播，得到了世界范围内的广泛认同。我国学界很多学者采用"影子教育"这个概念发表了一系列研究文章。在国内，由于计划经济体制的限制，20世纪80年代我国的校外培训以政府或社会组织开展的"校外教育"为主，并没有严格意义上的校外培训，直到1992年，邓小平的南方谈话和党的十四大拉开了建立社会主义市场经济体制改革的序幕，我国校外培训才逐渐发展壮大。1997年，王有升提出了一类不可忽视的教育现象，即"补习教育"，他界定为"中小学生在接受学校正规教育之外所私自参加的针对其文化课或艺术方面进行的辅导、补习。主要形式有：聘请家庭教师，参加假期或周末学校、参加日常补习班"。③此外，学者界定比较多的概念还有"课外补习""教育补习"等。有学者通过研究指出相关概念使用最频繁的前三位用语为：课外补习、补习教育和教育补习，其他个别出现的用语有课外培训、补习和课外文化补习等，④这些概念虽然名称不同但内涵一致。

---

① Stevenson, D. L., Baker, D. P. Shadow education and allocation in formal schooling: Transition to university in Japan[J]. *American Journal of Sociology*, 1992, 97(6): 1639—1657.

② Bray, T. M. *The shadow education system: Private tutoring and its implications for planners*[M]. Paris: UNESCO, 1999: 17.

③ 王有升. 补习教育：一类不可忽视的教育现象 [J]. 上海教育科研, 1997, (6): 18—19+24.

④ 赵同友. 补习与影子教育：概念、逻辑的比较 [J]. 现代教育论坛, 2018, (2): 50—56.

2018 年 8 月，国务院办公厅出台了《关于规范校外培训机构发展的意见》（国办发〔2018〕80 号），开宗明义指出："面向中小学生的校外培训机构（以下简称校外培训机构）开展非学历教育培训是学校教育的补充，对于满足中小学生选择性学习需求、培育发展兴趣特长、拓展综合素质具有积极作用。"基于此，本书将校外培训界定为"以中小学生为主要对象提供非学历的教育，培训教育目标是满足中小学生选择性学习需求、培育发展兴趣特长、拓展综合素质，培训教育内容既包括语文、数学等学科性培训，也包括音乐、体育等非学科性培训，培训教育模式分为线上和线下两种"。这也是本书研究的主要范围。

第三节　类型划分

校外培训规范发展的首要问题就是要弄清楚校外培训机构的类型，这样才能在治理过程中做到有的放矢。通过对当前校外培训机构现状进行归纳梳理，笔者按照机构属性、培训性质、培训规模、培训方式以及是否合法合规等五个方面对培训机构进行划分，以期为校外培训机构分类分析、分类管理提供建议。

一、按机构属性划分：营利性与非营利性

1995 年 9 月 1 日起施行的《中华人民共和国教育法》第 25 条规定"任何组织和个人不得以营利为目的举办学校及其他教育机构"，这意味着我国校外培训机构举办者都不能以营利为目的，取得办学资质后，需在民政部门登记为民办非企业单位，其办学收入只能继续投入到培训机构的发展之中，而不能据为己有。2003 年施行的《民办教育促进法》第 51 条规定"民办学校在扣除办学成本、预留发展基金以及按照国家有关规定提取其他的必需的费用后，出资人可以从办学结余中取得合理回报"，这给投

资办学的举办者提供了获得相关利益的制度支持。但是在调研中，许多举办者表示当时并没有选择要合理回报，因为如果选择要合理回报意味着将失去很多政府政策的倾斜，在税收、监管等方面也将会更加严格。虽然没有合理回报，但是举办者获得的"效益"还是比较可观的，这也成了"公开的秘密"。政府部门也认识到政策与实践之间出现了较大的矛盾，需要进一步对政策进行完善。2016 年，修订的《民办教育促进法》提出了营利和非营利分类管理的改革措施，这为校外培训机构理顺法人属性提供了法律依据。笔者在调研过程中比较关注举办者选择营利性还是非营利性的倾向，很多举办者表示将选择营利性，而且已经有部分举办者表示已经完成了转设登记。有学者的相关研究也印证了笔者调研的结论，从目前课外辅导机构的举办者身份、投资性质、运营模式以及对天津市课外辅导机构的调查来看，大多数课外辅导机构将会选择成为营利性民办学校，这样他们的法人身份属性也随之明晰，即为营利性的企业法人。[①] 选择登记为营利性的培训机构，将按照 2016 年年底教育部、人力资源社会保障部、工商总局印发的《营利性民办学校监督管理实施细则》进行监管。就全国范围而言，目前正处于营利性与非营利性登记的过渡期，完成校外培训机构的分类登记正稳步推进。"双减"政策颁布后，义务教育阶段学科类培训将统一登记为非营利性机构，这也将成为各地校外培训机构治理的最新指南。

二、按培训性质划分：学科类与非学科类

当前的"培训热"问题，实际上主要是以英语、数学、语文、生物等为主的学科类培训，提前教学、超纲教学，以应试为导向，导致了学生在学习上的无序竞争。而以艺术、体育为主的非学科类培训受到的诟病相对较少。2018 年开展的专项治理行动找准了症结所在，主要针对学科类培训

---

① 方芳. 课外辅导机构的法律地位与规制 [J]. 教育科学研究，2018，(7)：36—41.

展开治理，坚决禁止应试、超标、超前培训及与招生入学挂钩的行为。国务院办公厅印发的《关于规范校外培训机构发展的意见》明确提出要对校外培训机构进行分类管理，其中要鼓励发展以培养中小学生兴趣爱好、创新精神和实践能力为目标的培训，重点规范语文、数学、英语及物理、化学、生物等学科知识培训。同年 11 月，教育部办公厅等三部门又联合印发了《关于健全校外培训机构专项治理整改若干工作机制的通知》，对学科类与非学科类校外培训机构提出了差别化的管理措施。其中，针对非学科类培训，地方有较大的自主权，可以探索符合实际的整改方案。针对学科类培训，不仅培训机构要加快办理办学许可证，教育部门还要会同有关部门对无证开展培训、非学科类培训机构开展学科培训及其他违规开展培训的机构，予以取缔。但究竟哪些是学科类培训，哪些是非学科类培训，在治理实践中仍存在困惑，为了统一认识，便于执法，2021 年 7 月，教育部办公厅发布了《关于进一步明确义务教育阶段校外培训学科类和非学科类范围的通知》，指出："根据国家义务教育阶段课程设置的规定，在开展校外培训时，道德与法治、语文、历史、地理、数学、外语（英语、日语、俄语）、物理、化学、生物按照学科类进行管理。在开展校外培训时，体育（或体育与健康）、艺术（或音乐、美术）学科，以及综合实践活动（含信息技术教育、劳动与技术教育）等按照非学科类进行管理"，进一步明确了校外培训学科类与非科学类的范围。

三、按培训规模划分："集团式""中小型"和"个体式"

在巨大需求的推动下，校外培训机构市场日趋火热，加之准入门槛相对较低，出现了大量培训机构，根据其办学规模的大小可以划分为"集团式""中小型"和"个体式"三种类型。"集团式"培训机构指的是资金实力雄厚，实现了全国扩张并在资本市场上市或准备上市的少数巨头培训机构，如成立于 1993 年并在 2006 年作为中国第一家培训机构在美股上市的新东方，再如 2010 年在美股上市的好未来、2016 年上市的 51Talk 等。"中小型"培训机构指的是有相关办学资质、独立的办学场地、师资队伍、相关管理制度等，并在某个区域有一定市场占有率的培训机构。这类"中小型"培训机构是当前提供校外培训的主体，尤其是在三四线城市市场占有率相对较高。"个体式"培训机构指的是无相关资质，租一间房子或者在自己家里开展培训，不申报也不纳税的培训机构。这类培训机构隐蔽性极强，在专项治理行动前还存在许多公立学校的教师私自举办培训班的情况，影响极差。通过专项治理行动，特别是"双减"政策颁布以来，已经上市的"集团式"培训机构股价大跌，"中小型"培训机构租金压力、师资压力、发展压力骤增，而对"个体式"培训机构影响相对较小，因为这类培训规模较小，都是熟人培训，隐蔽性也比较强，不易被查处，这也是今后治理的重要方向之一。

四、按培训方式划分：线下培训与线上培训

传统的校外培训机构都是以线下培训为主，特点是一对一或一对多，实现了班课、小班化和个性化教学。随着互联网技术的成熟、5G 技术的发展、大数据的完善，特别是受到新冠肺炎疫情期间线上教学的影响，线上培训机构迅速发展壮大。其中，既有原来线下培训机构拓展的线上业务，如新东方开展了新东方在线业务，好未来开展了学而思网校业务，发展趋势较好；也有新创办的纯线上培训机构，如 VIPKID。虽然线上培训发展时间较线下培训稍晚，但是也出现了一些较为严重的问题，如培训平台存在低俗有害信息、插播网络游戏内容、预付费用较高、资本过度营销等问题，引发了社会焦虑，引起了政府的高度关注。2019 年 7 月，教育部等六部门出台了《关于规范校外线上培训的实施意见》，在内容健康、时长适宜、师资合格、信息安全、经营规范等方面做出详细规定，为线上培训机构监管提供了政策依据。同时，教育部为了加强对线下和线上机构的监

管，分别建立了全国中小学生校外培训机构管理服务平台和全国校外线上培训管理服务平台，为教育部门开展培训机构备案和管理工作提供技术支撑。"双减"政策中进一步加强了对线上培训的治理，提出"对原备案的线上学科类培训机构，改为审批制。各省（自治区、直辖市）要对已备案的线上学科类培训机构全面排查，并按标准重新办理审批手续。未通过审批的，取消原有备案登记和互联网信息服务业务经营许可证"。

五、按是否合法合规划分："有证有照""有证无照" "有照无证" 和 "无证无照"

证照是否齐全是判断校外培训机构合法合规的重要标准，可以按照"有证有照""有证无照""有照无证"和"无照无证"划分为四类。第一类是"有证有照"的培训机构，即同时持有教育部门或人社部门审批的办学许可证和工商部门审批的营业执照或民办非企业单位登记证书，像"集团式"和部分"中小型"的培训机构往往都属于这一类。第二类是"有照无证"的培训机构，即只取得了工商部门审批的营业执照或民办非企业单位登记证，但没有取得办学许可证，部分"中小型"培训机构都属于这一类，如果"有照无证"类从事学科类培训则属于明显违规。第三类是"有证无照"的培训机构，即取得了办学许可证，而没有营业执照或民办非企业单位登记证书。第四类是"无证无照"，既没有办学许可证，也没有营业执照或民办非企业单位登记证书，大部分"个体式"的培训机构属于这一类。据统计，武汉地区校外培训市场主体共有1万余家，其中，在教育部门审批备案的文化教育培训机构只有460多家，在劳动人社部门审批的职业技能培训机构有200多家。未经任何部门审批登记的"无证无照"培训机构约有1600多家。① 因此，基于不同类型的培训机构开展具有针对性

---

① 熊丙奇. 规范校外培训正在形成长效机制 [N]. 中国教育报，2018-8-24 (2).

的分类治理，有助于进一步推进校外培训规范发展。

第四节　研究意义

一、政治意义

当前，校外培训负担过重已经成为一个不争的事实，家长焦虑、学生压力过大已经是一个比较普遍的社会现象，特别是在大中城市中尤为明显。其表现为应试教育倾向严重，教育"军备竞赛"，学生机械刷题等，增加了学生和家长负担，扰乱了良好的教育生态，影响了人民群众教育的获得感、幸福感。习近平总书记多次在讲话中提到校外培训治理问题，2021年5月21日，习近平总书记主持召开中央全面深化改革委员会第十九次会议，审议通过了《关于进一步减轻义务教育阶段学生作业负担和校外培训负担的意见》，强调要全面规范管理校外培训机构，坚持从严治理，对存在不符合资质、管理混乱、借机敛财、虚假宣传、与学校勾连牟利等问题的机构，要严肃查处。要明确培训机构收费标准，加强预收费监管，严禁随意资本化运作，不能让良心的行业变成逐利的产业，为校外培训治理提供了遵循。贯彻落实习近平总书记重要讲话精神，推动校外培训规范发展，有利于遏制校外培训的种种违法违规行为，有利于推动校外培训健康有序规范发展，有利于减轻学生和家庭负担，为提供人民群众满意的教育奠定基础。

二、理论意义

党中央、国务院高度重视校外培训教育负担过重的问题。自校外培训专项治理行动以来，出台了一系列治理校外培训的政策文件，在一定程度上缓解了校外培训疯狂发展的局面。但不容否认，治理成效并没有完全达到预期的效果。笔者通过对大量研究的梳理发现，针对校外培训的研究在理论指导上仍有不足，这也成为当前各方思想不统一的重要原因之一。比如，在2021年"两会"期间，有代表提出全面取缔校外培训机构，有代表提出取缔义务教育阶段学科类培训机构，也有代表表示取缔并不是最优做法，而应该进一步通过治理规范校外培训发展。基于此，当前研究的一个重点问题就是要从理论高度关注校外培训。笔者认为，在理论指导方面，诸如文化资本理论、人力资本理论、成本分担理论、博弈论等均有一定的指导意义，另外政府与市场关系理论对校外培训行业发展也是具有重要指导意义的，即如何处理好政府"有形之手"和市场"无形之手"之间的关系，目前急需在理论方面予以概括，以期统一思想、凝聚共识、促进发展。

三、实践意义

研究校外培训必须从解决现实问题出发。一是推动良好教育生态的形成。2021年2月，全国教育工作会议中指出"大力度治理整顿校外培训机构。这是当前面临的紧迫难题，这个难题破不了，教育的良好生态难以形成。治理整顿校外培训机构，目标是减轻学生和家庭负担，把学生从校外学科类补习中解放出来，把家长从送学陪学中解放出来。这件事非办不可，必须主动作为"①。通过研究，为校外培训规范发展提供政策建议，具有重要的现实意义。二是缓解校外培训行业举办者的恐慌情绪。2020年受到新冠肺炎疫情的冲击，线下培训机构损失较大，加之当前校外培训处于非常被动的社会舆论环境中，举办者如惊弓之鸟，面临着重大转型挑战，对校外培训治理的任何风吹草动都引起了举办者的不安情绪，行业究竟如何发展，举办者究竟如何面对，急需通过高质量的研究提出建设性的意见，促进校外培训的良性、有序发展。三是缓解家庭教育焦虑。如果学生

---

① 陈宝生. 乘势而上狠抓落实，加快建设高质量教育体系——在2021年全国教育工作会议上的讲话 [N]. 中国教育报，2021-2-5 (1).

不参加校外培训，成绩可能下降、排名倒退，很多家长和学生被裹挟其中，导致学生校外培训学业负担过重。如果参加校外培训，学生将面临应试刷题、自主性受限，家长校外培训经济负担也会过重，引发了全社会的培训焦虑。笔者希望通过研究，在校外培训治理长效机制构建上切实提出解决之道，切实缓解家庭培训焦虑。

第五节　研究设计

一、基本思路

校外培训规范发展可以说是营造良好教育生态的重要途径，只有全面分析校外培训发展的相关情况，才能构建校外培训治理的长效机制。本书将从政府、市场、学校、家庭和社会等多个角度对校外培训进行系统性、全方位调研分析。在政府层面，重点分析治理背景、治理目标、治理方式方法和治理实效等；在市场层面，重点分析行业发展问题、发展困境及发展趋势，特别是要针对校外培训机构举办者进行调研，了解"双减"政策发布后举办者的相关诉求；在学校层面，研究校内外育人的融合发展，提升教育教学质量，提供课后、暑期服务情况，共同推动教育事业的良好发展；在家庭层面，重点分析家庭参与校外培训情况、家校共育情况，使家长理性认识校外培训，缓解家长教育焦虑；在社会层面，希望探索出营造教育良好发展的教育生态，做好宣传引导，凝聚社会共识，提升社会对教育的整体满意度。在具体研究方面，将遵循政策分析→理论依据→实践调研→政策完善与理论创新的逻辑思路。

二、框架结构

首先，从校外培训的相关研究入手，做好校外培训研究的文献综述，重点关注校外培训的内涵、相关研究的演化路径、研究热点主题以及研究前景展望等方面，站在前人的肩膀上进一步深入研究，避免不必要的重复劳动，为后续研究奠定基础。

其次，从线下培训与线上培训两个层面分析校外培训发展的历程、发展现状、面临的主要问题及市场失灵等，探寻校外培训治理的历史演进，为长效机制的构建总结相关历史经验。

再次，从家庭视角出发，调研当前家庭参与校外培训的基本情况，着重分析不同学段、不同区域、不同科目等方面学生参与校外培训的情况，探寻培训中存在的问题、校外培训的模式、家庭情况与校外培训的联系等，从而准确把握当前家庭培训的状况，分析家庭参加校外培训的原因，为后续研究提供相关的数据支撑。

此外，结合政府治理及行业发展趋势，选取北京市、上海市和广东省等区域，作为区域校外培训治理的案例，分析出台的相关政策、治理经验及取得的成绩等；选取新东方、爱学习、51Talk 和小天鹅等机构，作为校外培训机构的代表，分析基本情况、发展历程、发展经验、存在问题及发展趋势等，从行业内部对不同类型的校外培训机构进行细致分析，为分类管理政策制定提供依据。

最后，根据前文的研究，提出构建政府、市场、学校、家庭和社会治理校外培训的"五位一体"共治模式，为校外培训长远规范有序发展提出意见建议。

第六节　研究方法

一、定量研究法

设计家庭参与校外培训情况的调查问卷，对家庭参与的基本情况、存在问题、课程设置、满意度等方面进行调查，并对调研数据进行定量分析，为其他章节的撰写提供数据支撑。

二、定性研究法

深度访谈教育行政部门相关人员，探寻系列治理政策的目标及实施效果；访谈校外培训机构举办者和教师，探寻校外培训机构发展的困境、思路及未来发展设想；访谈国内民办教育的专家，咨询校外培训规范发展的意见；访谈学生家长，了解家庭对校外培训治理的看法等。

三、比较研究法

本书比较法侧重于三个方面：一是比较学科类培训与非学科类培训之间差异；二是比较线上培训与线下培训之间差异；三是比较区域校外培训治理之间的差异，总结出校外培训治理的有效经验。

四、案例研究法

本书设计了区域治理案例和校外培训机构案例。区域治理案例方面，按照"双减"政策试点名单，选取了北京市、上海市和广东省等区域作为重点分析案例；校外培训机构案例方面，按照学科类和非学科类、线下培训和线上培训的划分，选取了新东方、好未来、爱学习、51Talk、小天鹅、万国体育和世纪明德等作为重点分析案例。确保相关案例的选取具有代表性和典型性，为做好研究提供较好的素材支撑。

第二章　校外培训文献述评

开展学术研究，必须对要研究的问题进行细致、认真的文献梳理，才能准确把握所要研究问题的历史、现状，并据此判断未来的研究趋势。关于校外培训方面的研究，既有对校外培训概念的界定，也有对校外培训积极和消极影响的探讨，还有对如何规范校外培训的政策建议等。这些文献都关注了什么，基本观点是什么，研究结果侧重点有何不同，未来研究的重点应该是什么等问题值得进行探讨研究，不仅有利于对以往的校外培训研究进行回顾与反思，而且对未来规范校外培训发展的研究重点也有指导意义。基于此，本章从研究样本来源、研究演化路径、研究的热点主题和研究前景展开论述。

第一节　研究样本

自 20 世纪 80 年代以来，校外培训研究就引起了学者们的关注，至今已经取得了一定的研究成果。笔者以中国知网为样本框，在前人分析研究的基础上，将检索主题确定为"校外培训"或"影子教育"或"教育补习"或"课外补习"，检索时间范围是 1979 年 1 月 1 日至 2021 年 3 月 1 日，共有中文文献 2613 篇，基本涵盖了改革开放以来校外培训的相关研究成果。从统计数据中可以发现，以 1985 年针对日本补习所改善教育的文章为始，校外培训研究逐渐受到关注，其中 2010 年以前相关研究成果相对有限，随后从 2011 年开始逐年上升，到 2018 年达到顶峰 671 篇，这应该与 2018 年开启校外培训专项治理行动有关，从而使校外培训研究受到学者们的高度关注。本章将以此作为研究样本，具有一定代表性，确保研究真实有效。

第二节　演化路径

通过对 1979—2021 年历年中国知网相关文献中研究热点的发展和变化趋势进行分析，结合国家相关政策、经济和社会环境的变化，能够总结出我国校外培训研究的演化路径。以 2003 年出台的《中华人民共和国民办教育促进法》提出"合理回报"原则，2010 年《国家中长期教育改革和发展规划纲要（2010—2020 年）》提出"探索营利性和非营利性民办学校分类管理"，2018 年教育部等四部门印发《关于切实减轻中小学生课外负担开展校外培训机构专项治理行动的通知》部署开展校外培训专项治理为节点，将 1978—2021 年的校外培训研究划分为起步阶段、市场化分析阶段、公平性探讨阶段和治理研究阶段等四个阶段，研究证实了这四个阶段校外培训研究关注重点存在较强的差异。

一、校外培训研究的起步阶段（1978—2002）

1978 年，邓小平在全国科学大会开幕式讲话后不久，北京、上海、广州等地出现了由离退休教师组织的辅导班和补习学校。[①] 这应该是改革开放后我国较早出现的校外培训。但是在改革开放初期，受到计划经济体制的影响，市场化水平相对较低，人们的教育观念相对固化，所以当时没有出现较大规模的校外培训，培训形式主要是以家教为主。因此，20 世纪 80

---

① 阙明坤，王华，王慧英. 改革开放 40 年我国民办教育发展历程与展望［J］. 中国教育学刊，2019，（1）：29—36.

年代的校外培训并不是研究的重点。然而，这个阶段与"校外培训"极其相似的是另外一个概念"校外教育"，受到学者较多的关注，相关的研究文献也相对较多。如1983年，时任教育部党组成员、副部长的张文松在全国校外教育工作经验交流会上的讲话中提到"校外教育是我们整个教育事业中一个重要的组成部分，校外教育是校内教育必要的延续和补充，除了党、政、团这些方面的各级领导部门重视和支持外，还要广泛地发动社会各方面的力量来支持我们的工作"。① 这时期的校外教育机构，主要是由党政机关和社会团体举办的青少年宫、少年之家和活动站等，如北京市校外教育网络包括：有统一的领导体制和行政管理机构；有一套市、区（县）、街道少年宫、科技馆（站）、少年之家、活动站等校外教育机构；有刚刚建立发展起来的校外教育的理论、业务研究机构。② 虽然在业务上也培训音乐、舞蹈、电子等内容，但这与以非国家财政性经费投入的校外培训有一定的区别。

1992年，党的十四大拉开了建立社会主义市场经济体制改革的序幕，社会力量对校外培训的投资逐渐增长，同时"影子培训"的理念逐渐引入国内。1993年11月，不同于家教补习班的北京新东方学校正式成立，成为我国早期正规的校外培训机构，学界对校外培训的研究也逐渐增多。同时，开始探讨"校外教育"与公司培训并存的"校外培训"，如有学者提出要"突破校外教育是单纯事业单位的观念，建立事业与企业并存的双轨运行机制"，③ 还有学者提出校外教育是开放式的社会教育，应广泛协同社会各界力量，充分挖掘各种教育资源，才能联合起来促进校外教育的进一步发展。④ 这些研究都为校外培训研究的深入奠定了坚实的基础。

---

① 张文松. 在全国校外教育工作经验交流会上的讲话 [J]. 人民教育，1983，(9)：23—24.
② 北京市校外教育办公室. 开创校外教育的新局面 [J]. 中国教育学刊，1988，(6)：50—53.
③ 胡海英. 转化校外教育管理机制的问题及对策 [J]. 上海教育科研，1993，(3)：50—52+39.
④ 邱丽娟. 论校外培训活动的改革方向 [J]. 黑龙江教育学院学报，1999，(3)：88—89.

二、校外培训研究的市场化分析阶段（2003—2009）

2002 年 12 月 28 日，第九届全国人大常委会第 31 次会议表决通过了《中华人民共和国民办教育促进法》，规定国家对民办教育实行"积极鼓励、大力支持、正确引导、依法管理"的方针，同时出资人可以从办学结余中取得合理回报。这在很大程度上推动了校外培训的发展，使校外培训市场化倾向越来越明显，也引发了学界对校外培训的关注。有研究指出，随着国家对于教育管理政策的逐渐松动，特别是国家关于社会力量办学校、办教育从政策上给予的鼓励无疑也成了这一市场蓬勃发展的催化剂。① 马克·贝磊在论述政府、家庭教育经费分担的问题时，认为家庭课外补习是一个特别值得考察的现象，需要做好政府与家庭之间对市场上有偿课外补习成本的分担。② 由市场化带来的负面影响也受到了学者的关注，如在市场机制作用下，教育补习活动屡禁不止，教育补习市场成为社会领域的"灰色地带"。③ 为了更充分的了解校外培训市场，有学者专门分析了校外培训行业的巨大需求，发现处于行业成长期的校外培训将迎来生源高峰，关键用户是有相当经济基础家庭的在读未成年子女，特别是大中城市重点校学生。④ 此外，还有学者研究了其他国家的校外培训市场，认为课外补习主要分布于中国、日本、韩国、新加坡、马来西亚等东亚和东南亚国家，同时也存在于非洲、中东、南美、东欧等地，但西欧、北美与澳大利亚的课外补习活动并不普遍。⑤ 在这些研究中，对国内外校外培训的市场化发展

---

① 陈航. 重庆市儿童校外教育培训市场营销策略研究 ［D］. 重庆大学硕士学位论文，2003：1.

② 马克·贝磊. 政府与家庭的教育经费分担：寻求适当的平衡 ［J］. 李梅，译. 北京大学教育评论，2003，（2）：43—51+85.

③ 雷万鹏. 高中生教育补习支出：影响因素及政策启示 ［J］. 教育与经济，2005，（1）：39—42.

④ 王晓明. 中小学校外培训市场分析与探究 ［D］. 西南交通大学硕士学位论文，2005：1.

⑤ 彭湃. "影子教育"：国外关于课外补习的研究与启示 ［J］. 外国中小学教育，2007，（9）：44—48.

趋势有了较为清晰的认识，也能够推测出校外培训发展将迎来高速发展时期。

三、校外培训合理性探讨阶段（2010—2017）

校外培训的快速增长，提供了多样化的课后服务，在一定程度上满足了一些学生个性化、差异化、专业化发展的需求，可以说校外培训在有些方面发挥了一定作用。但是，校外培训在有些方面的负面效应也逐渐显现，引起了学者对其合理性的广泛研讨。马克·贝磊从教育公平、质量和发展方面探讨了"影子教育"全球扩张造成的利弊，他认为"影子教育"的维持，加剧了社会不平等，导致对一些辅导接受者可能没有用处或带来消极的学习体验，从宏观的层面来看可能也会对社会及经济发展带来不明确的影响。[①] 薛海平对我国义务教育阶段学生参加课外补习的研究结果表明，来自较好家庭社会经济背景以及大中城市的学生更可能接受课外补习，"影子教育"成为城乡和阶层差距在代际间维持和传递的一个重要通道，削弱了当前政府在学校教育中推动公平政策的努力成效。[②] 有的学者直接质疑了校外培训的种种问题，如身份定位模糊、准入门槛偏低、市场监管缺位、品质良莠不齐等。[③] 此外，在针对其他国家校外培训的研究中，也有学者指出了在校外培训治理方面往往存在着价值取向的困境、文化传统的惯性、政策工具的矛盾等问题。[④] 可见，校外培训在国内外发展过程中都不同程度地影响了传统学校教育，增加了学业压力及加剧教育不公平等，其合理性受到质疑也就不难理解了，引发了学界对校外培训规范发展的研究。

---

① 马克·贝磊. "影子教育"之全球扩张：教育公平、质量、发展中的利弊谈 [J]. 廖青，译. 比较教育研究，2012，(2)：13—17.
② 薛海平. 从学校教育到影子教育：教育竞争与社会再生产 [J]. 北京大学教育评论，2015，(3)：47—69.
③ 胡天佑. 我国教育培训机构的规范与治理 [J]. 教育学术月刊，2013，(7)：14—19.
④ 代薇华，仰丙灿. 国外校外培训机构治理：现状、经验、问题及其启示 [J]. 教师教育研究，2017，(9)：101—108.

四、校外培训的治理研究阶段（2018— ）

自 2018 年 2 月开展校外培训专项治理行动以来，学界对校外培训的关注度迅速上升，这一阶段的研究题目中多包含"校外培训"，而以"影子教育""课外补习""教育补习"命名的则相对较少，预计以后研究的规范性命名将以政策文件采用的"校外培训"为主。这一阶段学者们研究的重点主要是回应政府关注的焦点，即针对一些校外培训机构违规开展以"应试"为导向的培训，造成中小学生课外负担过重，增加了家庭经济负担等问题，如何有效治理，使校外培训遵循教育规律和青少年成长规律，从而形成良好的教育生态。有学者指出，系统治理校外培训机构侵越与干扰现象，需建立科学的监管组织体系，结合对校外培训机构、学校、家长的系统教育，解决谁来管、如何管、如何科学发展等问题。① 有学者从治理政策入手，通过对中央及地方政府部门出台的校外培训机构发展颁布的一系列政策内容分析，提出地方治理方案要更加具有针对性、创新性、意义性，仍需在政策评估、政策监督、政策研究等方面不断完善。② "双减"政策颁布后，有学者研究指出实施"双减"政策，从本质上说，是对一系列教育观念的纠偏。第一，纠正育人初心之偏。第二，纠正违规竞争之偏。第三，纠正超前学习之偏。同时，加强对教育规律再认识。第一，坚持全面发展规律。第二，坚持身心和谐发展规律。第三，坚持知行合一规律。第四，坚持因材施教规律。③ 此外，还有学者引入了日本、韩国、美国、芬兰等地的经验，为我国校外培训治理提出应对策略。

---

① 陆道坤，王超，丁春云. 论校外培训机构对基础教育的侵越与干扰 [J]. 中国教育学刊，2019，（1）：79—84.

② 祁占勇，于茜兰. 校外培训机构治理政策的内容分析 [J]. 现代教育管理，2019，（3）：44—50.

③ 张志勇. "双减"背后教育观念的大变革 [N]. 中国教育报，2021-8-7（1）.

第三节 热点主题

改革开放 40 多年来，针对校外培训研究划分为四个阶段，可以发现每个阶段都有研究的侧重点，都反映了当时的时代背景。除此之外，通过对文献标题、关键词、摘要和基本内容的分析，还可以发现一直贯穿于校外培训研究的共性问题、热点主题，以下对这些主题进行逐一分析。

一、参加校外培训规模的研究

校外培训在全世界范围内都比较普遍，无论是发达国家还是发展中国家都存在着一定规模的校外培训，学界对培训规模的关注度也比较高。2004 年，薛海平等针对中国城镇学生补习情况的调研显示有 55.5% 的学生参加补习，东部地区城镇学生参加教育补习的比例最高，其次是中部地区，西部地区最低。表 2-1 中还有不同学者统计了香港、甘肃、湖南、江苏、北京、上海、广州等地的培训规模，参加比例最高的达 82.8%，最低的也有 24.6%。可以看出，不同地区在参加规模上还是有所差别的，研究普遍认为经济发展好的地区参与率高于经济发展一般的地区，城镇学生参与率高于乡村学生参与率，重点学校学生参与率高于一般学校学生参与率。近几年，校外培训的规模进一步扩大，据中国教育学会《中国辅导教育行业及辅导机构教师现状调查报告》的数据显示，2016 年我国中小学校外辅导行业市场规模超过 8000 亿元，参加学生规模超过 1.37 亿人次。[①] 教育部基础司公布的一组数据显示，截至 2019 年 1 月 4 日，全国共摸排线下校外培训机构 401050 所，存在问题机构 272842 所，现已完成整改

① 黄浩. 校外培训，治理与引导要"两手抓"[N]. 中国教师报，2018-1-17（2）.

269911 所，完成整改率 98.93%。^① 此外，截至 2019 年 12 月 31 日，教育部已对 718 家校外线上培训机构、115622 名培训人员、3463 门课程完成了备案排查。^② 可见，近些年不论是校外培训机构数量，还是学生参加培训的规模均有所扩大。

表 2-1 部分地区学生参加校外培训的规模

调研时间	调研地点	调研对象	参加比例/数量
2004 ③	全国范围内	中国城镇居民教育与就业情况	所有调查的城镇在校生中，有 55.5% 的学生参加了教育补习
2009 ④	香港	中小学生	72.5% 的小学高年级学生和 51.6% 的中学生在接受课外辅导
2010 ⑤	甘肃、湖南、江苏	高一年级学生	省城中学 82.8% 的学生参加课外补习，贫困县城中学 66.1% 学生参加课外补习
2011 ⑥	北京市海淀区	2028 名小学生及其家庭	补习是城镇小学生的必需品而非奢侈品，69.6% 的小学生参与补习
2012 ⑦	上海	参加 PISA 项目测试的 5177 名学生	参加数学、语言、科学和其他补习的比例分别为 71%、51%、55% 和 57%

① 教育部办公厅关于全国校外培训机构专项治理行动整改工作进展情况的通报 ［EB/OL］. 2020-2-10 ［2020-12-21］http://www. moe. gov. cn/srcsite/A06/s3325/201901/t20190116_367109. html.

② 赵秀红. 全国校外线上培训机构基本完成备案排查 ［N］. 中国教育报，2020-1-9 (1).

③ 薛海平，丁小浩. 中国城镇学生教育补习研究 ［J］. 教育研究，2009，(1)：39—46.

④ 马克·贝磊. "影子教育"之全球扩张：教育公平、质量、发展中的利弊谈 ［J］. 廖青，译. 比较教育研究，2012，(2)：13—17.

⑤ 曾满超，丁小浩，沈华. 初中生课外补习城乡差异分析 ［J］. 教育与经济，2010，(2)：7—11.

⑥ 陈彬莉，白晓曦. 家庭社会经济地位、家长同辈群体压力与城镇小学生补习——基于北京市海淀区小学调查 ［J］. 清华大学教育研究，2015，(9)：102—109.

⑦ 胡咏梅，范文凤，丁维莉. 影子教育是否扩大教育结果的不均——基于 PISA2012 上海数据的经验研究 ［J］. 北京大学教育评论，2015，(7)：29—46+188.

续表

调研时间	调研地点	调研对象	参加比例/数量
2012 ①	全国范围内	中国社会科学调查中心"中国家庭追踪调查"义务教育阶段 4265 名学生	有 24.6% 的学生参加了课外补习,约占所有样本在校生的 1/4
2014 ②	广州	四所样本学校初中二年级的全体学生	重点中学近 73.1% 的学生曾经或正在参加教育补习,而普通中学则只有 51.67%
2016 ③	全国范围内	中小学校外辅导行业市场	市场规模超过 8000 亿元,参加学生规模超过 1.37 亿人次
2017 ④	全国范围内	《2017 中国教育业态蓝皮书》中统计的基础教育阶段学生	校外培训总体参与率达 47.2%
2017 ⑤	全国范围内	2017 中国教育财政家庭调查 10470 名学生	随着学段的升高,课外补习参与率上升,小学、初中和高中阶段分别为 35%、43% 和 41%;兴趣班的参与率在下降,小学、初中和高中阶段分别为 27%、15% 和 14%
2018 ⑥	常州市	80060 名中小学生	从小学 1 至 3 年级开始参加校外培训的占 36.7%,小学 4 至 6 年级开始参加校外培训的占 36.8%

① 薛海平. 从学校教育到影子教育:教育竞争与社会再生产 [J]. 北京大学教育评论,2015,(3):47—69.

② 吴岩. 教育公平视角下初中阶段教育补习现状研究——以广州市为例 [J]. 教育研究,2014,(8):75—84.

③ 黄浩. 校外培训,治理与引导要"两手抓" [N]. 中国教师报,2018-1-17 (2).

④ 黄浩. 校外培训,治理与引导要"两手抓" [N]. 中国教师报,2018-1-17 (2).

⑤ 魏易,薛海平. 我国基础教育阶段家庭校外培训的消费行为研究——基于 2017 中国教育财政家庭调查的分析 [J]. 教育学报,2019,(12):68—81.

⑥ 杭永宝,王中. 大教育观视角下"校外培训热"标本兼治的系统思考 [J]. 江苏理工学院学报,2018,(12):128—131.

二、为什么参加校外培训

如此庞大的校外培训市场规模，必然有社会需求的支撑。因此，家长、学生为什么会有这么大的培训需求，为什么会参加校外培训，同样引起了学界的关注，归纳起来主要有以下几个方面的原因：一是为了应试的"补差型"或"培优型"需求。有学者从"长辈逼迫""查漏补缺""提高成绩""身边同学影响""老师劝说"等五个维度进行了分析，发现"查漏补缺""提高成绩"是所有学生参与教育补习的首要原因，在重点中学更以提高成绩作为补习的主要目的。① 无论是"补差型"还是"培优型"，都以学科类培训为主，目的在于提升学业成绩，满足升学需求。二是传统文化的影响。早在 1997 年就有学者指出了这方面的原因，中国人重视教育的深厚传统，"万般皆下品，唯有读书高"虽是这一传统的极端形式，但其对一般中国人的影响却是根深蒂固的。② 受这种传统文化的影响，当家庭收入能够担负得起校外培训的费用时，会有越来越多的家长选择将孩子送到培训机构。三是校外培训能够满足个性化、多样化需求。有学者指出，校外教育在方式方法的选择上更为灵活，选择了丰富多彩的活动内容，以学生为主体，重视学生的主动性、能动性和创造性品质的培养，尊重学生个性发展的独特性。③ 四是家长同辈群体的压力传导。家长从同辈群体中感知到的竞争压力可能是促使家长做出选择的一种重要的社会心理机制。对于子女教育更为关注的家长可能会更多地与其他家长交流，从而

---

① 吴岩. 教育公平视角下初中阶段教育补习现状研究——以广州市为例 ［J］. 教育研究，2014，（8）：75—84.

② 王有升. 补习教育：一类不可忽视的教育现象 ［J］. 上海教育科研，1997，（6）：18—19+24.

③ 康丽颖. 校外教育的概念和理念 ［J］. 河北师范大学学报（教育科学版），2002，（3）：24—27.

其他家长的选择会影响其行为。[①] 此外，还有学者关注了校外培训与学生体质健康的关系，研究表明参加学术类补习和其他补习不影响小学生的体质健康，但参加体育类补习在一定程度上有助于小学生的体质健康。[②] 可见，通过校外体育培训能够增强学生体质，提升学生体质测试成绩。同样，在音乐、美术等方面也有类似的研究结果，因此这也在一定程度上鼓励家长安排学生参加非学科类培训。

三、校外培训产生的影响

校外培训对学校、社会、家庭和学生都产生了或多或少的影响，其中既有积极影响，也有消极影响。通过对改革开放以来每个阶段重点文献观点的分析提炼，形成了表 2-2 中各个阶段的积极和消极影响，其中既有共性，也有每个阶段的特性。在积极影响方面，校外培训能够做到"有教无类"和"因材施教"，满足学生多样化需求，提升学生的人力资本，推动教育模式改革与创新，应用先进的技术手段，具有明显的"安慰剂效应"，显著地减少了学生感到沮丧、悲伤、生活没有意思和不快乐等负性情绪的频率，同时非学科类培训还符合素质教育要求等。[③] 在消极影响方面，从起步阶段就指出校外培训伴随着功利主义色彩，到治理阶段仍影响着教育公益性的第一属性。同时，增加了学生之间的竞争，增加了学生的学业压力，有学者通过向浙江省五年级学生及他们的家长发放 31610 份问卷，分析发现校外培训给学生发展带来较大压力，而且城市学生"校外培训"的

---

① 陈彬莉，白晓曦. 家庭社会经济地位、家长同辈群体压力与城镇小学生补习——基于北京市海淀区小学调查 [J]. 清华大学教育研究，2015，(9)：102—109.

② 刘泽云、李杨、王骏. 教育补习会影响小学生体质健康吗？——基于北京市的调查研究 [J]. 教育经济评论，2018，(9)：95—113.

③ 孙伦轩、唐晶晶. 课外补习的有效性——基于中国教育追踪调查的估计 [J]. 北京大学教育评论，2019，(1)：123—141+191.

压力比县城和乡镇农村的分别高出 4.4% 和 8.3%。[①] 此外，校外培训还增重了家庭的经济负担，甚至出现了举办者圈钱跑路的现象，更是让家庭蒙受了较大的经济损失。在这些消极影响中，最受关注的应该是校外培训对教育公平的影响，造成了区域之间、城乡之间、不同家庭背景的学生之间的不公平。有学者指出，校外教育补习已成为学生的家庭资源影响教育机会公平与结果公平的重要途径，重点中学与普通中学学生存在着明显的社会分层和教育分层。[②] 校外培训产生如此之多的消极影响，也引发了学者们对治理对策的讨论。

表 2-2　校外培训导致的积极和消极影响

阶段	积极影响	消极影响
起步阶段	能做到因材施教；形式灵活；活动突出兴趣性；全面树立质量意识。	功利主义色彩浓厚；投资相对较高；对学校教育的冲击；对教育决策和管理的挑战。
市场化分析阶段	民主性、开放性、闲暇性；以学习者为中心；提升了学生成绩；满足家长需求；补差型教育弥补了正规学校服务的不足；提升了成绩较差学生的人力资本；非学科类培训符合素质教育要求。	增加了学生压力；进入门槛低，培训质量良莠不齐；教育补习市场成为社会领域的"灰色地带"；强化了教育投资的地区差异和城乡差异，不利于教育公平；增重了家庭的教育负担。
合理性探讨阶段	做到"有教无类"和"因材施教"；帮助学生明确发展定位和目标；弥补现行正规学校教育的缺陷。	学业竞争从校内扩展到校外，从学校教育延伸到影子教育；加剧了学生学业压力；消耗了家庭和社会资源；扩大了社会不平等；导致部分教师校内教学不用心。
治理研究阶段	满足学生多样化需求；推动教育模式改革与创新；应用先进的技术手段；承担一定的社会责任；具有"安慰剂效应"。	影响了社会稳定；不符合学生正常成长规律；教育的公益属性被淡化；举办者圈钱跑路。

---

① 马婷. 小学生学业负担来源、影响及减负对策分析 [J]. 考试研究, 2019, (6)：17—30.

② 吴岩. 教育公平视角下初中阶段教育补习现状研究——以广州市为例 [J]. 教育研究, 2014, (8)：75—84.

四、治理校外培训的对策建议

为切实减轻中小学生过重课外负担，促进校外培训机构规范有序发展，学界针对国内外校外培训的研究提出了很多对策建议。在国内研究方面，一是在政府层面，要加快立法、明确监管范围，简化行政许可程序，完善监管机制，加大奖惩力度。① 同时，学校教育和影子教育体系之间存在着动态均衡，政策制定者尤其需要注意这种均衡性，审慎试验和制定政策，避免变革的非预期后果。② 二是在学校教育方面，要促进与校外培训关系的融合，提高学校和校外培训机构博弈的理性水平，牢固树立合作发展的意识，加强合作，实现共赢。③ 此外，还要进一步提升学校教育质量，加强学校课后优质教育资源服务，满足学生和家长的需求。三是在培训机构方面，倡导公益性办学的举办者更少计较个人荣辱得失，更加重视学校的社会声誉和办学水平，更易获得政府的资助和社会的捐赠，更能吸引才学兼优的人才进入学校，更易受到人民群众的认可，更有助于办成百年名校。④ 同时，还要加强培训机构的行业自律，加强培训机构自身制度建设，提升管理水平。四是对家长建议方面，家长要树立正确的教育观念，调整教育方法，关注孩子的全面发展，合理安排孩子的课余生活，了解孩子的真正需要，切忌盲目攀比跟风报班。⑤ 五是在行业治理方面，在政策执行过程中，（半）官方的培训行业协会作为政府和业界之间的桥梁，协助政

---

① 李曼，刘熙. 民办教育培训机构的治理困境与政策应对 [J]. 中国教育学刊，2018，(7)：26—31.
② 陆伟. 公共政策选择与影子教育参与 [J]. 比较教育研究，2019，(8)：77—85.
③ 丁亚东，范勇，薛海平. 竞争到合作：学校与影子教育机构的关系模式分析 [J]. 现代教育管理，2018，(9)：45—50.
④ 阙明坤，王华，王慧英. 改革开放 40 年我国民办教育发展历程与展望 [J]. 中国教育学刊，2019，(1)：29—36.
⑤ 焦玉婷. 教育生态观视角下我国线上影子教育的治理路径探究 [J]. 教育导刊，2019，(11)：16—20.

府斡旋在两者之间以促进规范政策按照政府要求实施，推动行业自律。①

在国际经验上，学界针对校外培训治理经验比较丰富的韩国、日本做了比较充分的研究，针对课后服务做得比较好的美国、芬兰也做了分析，为我国校外培训的治理提供了借鉴。在韩国校外培训研究方面，周霖等认为韩国政府对影子教育的治理政策大致经历了四次大的演变，总体趋势是转移政策→禁止政策→补偿政策→公平政策，建议我国把握好政策取向，完善课后服务工作，改革考试选拔制度以及规范校外培训市场等。② 在日本影子教育启示方面，形成了市场调节、政府管理和行业自律的多元治理模式。③ 美国十分重视对学生的课后服务，早在1994年美国联邦教育部就专门设立了"21世纪社区学习中心计划"，旨在帮助创建或扩大为高贫困学校和学区的学生免费提供校外培训的社区学习中心，在2019年，该计划资助预算超过12亿美元，全美近170万名学生获益。④ 芬兰更加注重发挥教师的作用，为学习困难的学生配备特殊教师，学生可以自主寻求特殊教师帮助，特殊教师也可以根据上课经验甄别出学习困难学生并主动提供帮助，芬兰大概有22%的学生都曾接受过个别辅导。⑤ 这些有益的探索，都为我国校外培训的治理提供了宝贵的经验。

第四节　前景展望

在从计划经济向市场经济转型过程中，校外培训消极影响带来的问题

---

① 张薇. 中国校外培训规范治理：统一的政策，多样的回应 [J]. 全球教育展望，2020，(2)：62—82.

② 周霖，周常稳. 韩国影子教育治理政策的演变及其启示 [J]. 外国教育研究，2017，(5)：66—76.

③ 于金申，贾利帅. 日本"影子教育"的治理与启示 [J]. 当代教育科学，2020，(4)：65—69.

④ 许洁英，杨军. 美国政府为何资助校外培训 [N]. 中国教育报，2020-1-17 (3).

⑤ 张晓光. 芬兰教师如何关注每一个孩子 [N]. 中国教育报，2020-2-14 (3).

就已经出现，也促使学界对校外培训发展进行反思，并提出了相应的治理对策，这对促进校外培训规范发展无疑是有益的。但随着我国经济社会的快速发展，学生家长日益增长的对优质教育资源的需要和教育资源不平衡不充分发展之间的矛盾仍然比较突出，校外培训进一步规范发展的空间仍然很大。因此，我们要清醒地认识到，为了更好地应对校外培训未来的发展，当前的一些研究仍存在不足，要推动校外培训规范发展，还需在以下几个方面予以重点关注。

一、加强校外培训领域的理论研究

在进行文献分析的过程中，针对校外培训研究比较盛行的是问题式的应用研究，其中既有实证性的研究，也有政策文本式的分析研究。关注问题式的应用研究是十分必要的，它对解决校外培训发展中的具体问题、提供解决思路都是有益的。同时，我们也要看到目前对基础理论的研究则相对较少，没有理论研究的升华不利于校外培训治理工作的长远发展。其中，为数不多的几篇结合理论探讨的文章多以布迪厄的文化资本为切入点，如朱洵（2013）[①]、薛海平（2016）[②]、张冰（2017）[③]、文军（2018）[④]等，认为在文化资本代际传递过程中，学校、家庭和校外培训都发挥了重要作用，进一步加剧了阶层之间的差距和不平等，最终将导致阶层固化，难以实现社会的正常流动，加剧了社会的不平等。此外，还有学者采用博弈论"囚徒困境"重复博弈模型和4C模型（政府与非政府组织关系模型）对学

[①] 朱洵. 教育全球化中的影子教育与文化资本理论 [J]. 清华大学教育研究，2013，（8）：51—55.

[②] 薛海平，李静. 家庭资本、影子教育与社会再生产 [J]. 教育经济与评论，2016，（11）：60—81.

[③] 张冰. "影子教育"与中国"新中间阶层"的文化再生产——从布迪厄的文化资本理论说开去 [J]. 教育理论与实践，2017，（22）：17—20.

[④] 文军，李珊珊. 文化资本代际传递的阶层差异及其影响——基于上海市中产阶层和工人阶层家庭的比较研究 [J]. 华东师范大学学报（哲学社会科学版），2018，（4）：101—113+175.

校与校外培训的关系进行分析，并发现学校和影子教育机构存在对抗、互补、合作和吸纳四种关系模式，建议校外培训和学校采取合作互补关系。①这些理论应用上的分析，都为校外培训研究提供了更好的理论视角和发展的对策建议。今后的研究中需要在理论探讨方面予以进一步关注。比如，我们知道教育的本质是培养人才，教育发展有自身的客观规律，校外培训作为育人的一种途径，必须遵循教育的规律，符合学生发展的身心特点，因此目前迫切需要的是校外培训如何遵循教育规律更好培养人才方面的理论探讨，通过理论上的整体架构，进一步指导校外培训更好地发挥作用。再如，校外培训机构既有教育属性，又有商业属性，与一般的公司提供的商品并不一样，如何实现教育公益性与公司逐利性之间的平衡，如何界定政府"有形之手"与市场"无形之手"之间的关系，仍需要理论方面的探讨。

二、校外培训推动教育变革方面的研究

当前，推动教育公平、提高教育质量是教育发展的两个核心问题，需要通过教育变革加以实现。校外培训作为学校教育的补充，在培育学生兴趣特长、拓展学生综合素质方面已经发挥了积极的作用，如何进一步通过校外培训推动教育变革，实现教育公平和教育质量的发展，需要学界予以重点研究关注。一是在宏观层面，转变培训理念，突破以"智育"为导向的藩篱，推动校外培训向德智体美劳"五育"并举转变。2019年，国务院办公厅《关于新时代推进普通高中育人方式改革的指导意见》和中共中央国务院《关于深化教育教学改革全面提高义务教育质量的意见》先后出台，为推动教育变革提供了指导性意见，要求"构建全面培养体系"和"坚持'五育'并举"。研究发现，早在1989年，时任国家教委副主任的

---

① 丁亚东，范勇，薛海平. 竞争到合作：学校与影子教育机构的关系模式分析 [J]. 现代教育管理，2018，(9)：45—50.

柳斌在全国少年儿童校外教育研究会成立大会上就提到"校外教育要把思想品德教育寓于各种校外活动之中，比如爱祖国的意识、爱人民的意识、爱劳动的意识、艰苦奋斗的意识等，都可以在校外教育当中渗透进去"。①今天看来，在校外培训中开展"五育"并举仍有很大的提升空间。因此，校外培训如何转变培训理念，推动校外培训在德育、体育、美育和劳动教育方面做出更多探索，还需要进行系统深入研究。二是在中观层面，通过技术手段推动教育变革。目前，很多互联网公司投资校外培训行业，如阿里巴巴投资的淘宝同学，腾讯运营的腾讯课堂等，还有一些科技公司通过人工智能、5G、大数据等技术实现培训模式、培训手段、培训内容等方面的变革，这些都改变着传统的教育生态。但是就目前培训行业发展的情况看，技术与教育的融通融合并不是十分理想，反而受到资本的过度包装出现了虚假宣传、过度宣传的情况，引发了全社会的焦虑。如何更好地推动校外培训行业引入的技术与教育规律的深度融合还有很大的探讨空间。三是在微观层面，要开展多主体视角的研究，尤其是加强对学生和举办者的调查研究。从目前的研究成果看，学界对政府、学校、家长的研究相对较多，而学生是参加培训的主体，但是对学生培训需求和学生的真实意愿调研的比较有限。此外，针对校外培训的举办者如何认识校外培训、如何推动校外培训发展、面临哪些问题等，相关调查研究也比较有限。对相关主体研究的缺失，将不利于全方位的认清校外培训，需要学界在学生、举办者等微观层面倾注更多的研究力量。

三、加强校外线上培训的研究

校外培训既包括传统的线下培训，也包括随着互联网技术发展起来的线上培训，而且线上培训的规模正逐步扩大。从 2013 年开始，线上培训迎

---

① 柳斌. 要重视校外教育的研究——在全国少年儿童校外教育研究会成立大会上的讲话[J]. 中国教育学刊, 1989,（6）：1—3.

来了高速发展的时期。各界媒体都称 2013 年为"中国在线教育元年",在线教育领域内各种新产品、对原有产品的完善、从线下转线上的努力等仍然层出不穷。① 2014 年,有学者研究指出,随着网络的普及,越来越多的网络授课开始出现,如自称印度最大教育集团的 Educomp,从 2014 年开始网络课程,为全国 300 多万学生服务,因此要加大对网络授课补习机构的监管。②

综合分析发现,虽然我国线上培训发展得如火如荼,尤其是在 2020 年新冠肺炎疫情中,线上培训更是受到热捧,特别是线上培训的广告铺天盖地,出现了为了获客、占据市场过度营销的现象,引起了社会各界的反感与焦虑。与此相对,目前针对校外线上培训的研究并不多,其中比较有代表性的如杨晓宏等选取网易公开课等 16 个在线教育平台为研究对象,运用调查研究法、内容分析法,全面考察国内在线教育的现状,明确存在的问题与困难;③ 梁宇靖等通过对新东方、好未来以及学大这 3 家课外辅导机构进行问卷调查,从而分析出我国 K12 课外辅导机构的发展现状及存在的问题,并从运营、市场等多方面探索 K12 课外辅导机构发展在线教育的路径及趋势。④ 2019 年 7 月,教育部、中央网信办、公安部等六部门发布了《关于规范校外线上培训的实施意见》,为校外线上培训的治理提供了政策依据,加强校外线上培训的研究应引起学界的重点关注。

四、加强对校外培训治理长效机制构建的研究

我国校外培训专项治理行动取得了一定成效,但是仍有很长的路要

---

① 管佳,李奇涛. 中国在线教育发展现状、趋势及经验借鉴 [J]. 中国电化教育,2014,(8):62—66.

② 马克·贝磊,刘菁菁. 东亚国家(地区)课外补习的政府监管之道——香港大学教育学院比较教育研究中心主任马克·贝磊教授专访 [J]. 外国中小学教育,2014,(10):1—6.

③ 杨晓宏,周效章. 我国在线教育现状考察与发展趋向研究——基于网易公开课等 16 个在线教育平台的分析 [J]. 电化教育研究,2017,(8):63—69+77.

④ 梁宇靖,梁斌,罗紫芊. 我国 K12 课外辅导机构在线教育发展现状及趋势研究 [J]. 中国教育信息化,2018,(11):12—15.

走。为了校外培训健康有序发展，必须构建校外培训治理长效机制。根据马克·贝磊的研究，政府对于影子教育的政策可以划分为以下六种情况：一是支持和鼓励；二是放任自流；三是监督但不干预；四是监管和控制；五是采取混合模式；六是采取完全禁止的策略。① 基于此分析，我国在21世纪前10年之前，校外培训的规模并不大，政府基本采取的是"鼓励、监督但不干预"政策，推动了校外培训的扩张。2010年以后，为了规范校外培训的发展，政府加大了监管力度，并采取了一些行业禁止规定，有效地抑制了校外培训的发展。2016年，国务院出台了《关于鼓励社会力量兴办教育促进民办教育健康发展的若干意见》，政策导向主要是"鼓励与规范"相结合的治理政策。2018年以来，政策的重点是对校外培训进行规范与治理，推动校外培训有序发展。在这种政策导向下，如何更好地推动校外培训育人为本，破除"应试导向"；如何做好分类管理，推动学科类培训与非学科类培训的差异化政策，避免"一刀切"管理带来的负面效应；如何引领公益导向，坚持教育的公益属性；如何规范发展，构建校外培训治理的长效机制等，仍需要学界加大研究力度。

① Bray,T. M. *The shadow education system: Private tutoring and its implications for planners* [M]. Paris: UNESCO, 1999:74—77.

第三章 校外培训发展历程

改革开放以来，校外培训的快速发展有目共睹，规模效应日益显现。一方面，校外培训为了快速发展，抢占市场份额，加大营销力度，制造了家庭的培训需求。另一方面，随着家庭对校外培训的需求的提升，也助推了校外培训的进一步发展。据统计，截至 2021 年 7 月，在港股上市的校外培训公司主要有卓越教育集团、新东方在线、思考乐教育、大山教育和新东方-S，分布在北京、广州等大中城市。（见表 3-1）

表 3-1 港股上市的校外培训公司

单位：亿港元

序号	公司	上市时间	4月13日市值	7月16日市值	总部所在地
1	卓越教育集团	2018-12-27	23.3	10.51	广州市
2	新东方在线	2019-03-28	165.99	79.66	北京市
3	思考乐教育	2019-06-21	46.29	15.50	深圳市
4	大山教育	2020-07-15	6.72	5.76	郑州市
5	新东方-S	2020-11-09	1947.35	917.96	北京市

在美股上市的校外培训公司主要有新东方、好未来、51Talk、掌门教育等，最早的是 2006 年 9 月上市的新东方，近期的是 2021 年 6 月上市的掌门教育。（见表 3-2）不论是美股上市，还是美股上市，从其 2021 年 4 月 13 日和 7 月 16 日的市值可以看出，上市公司受到"双减"政策的影响

非常大，股价基本上下跌达到50%以上，而且在"双减"政策正式颁布后，7月23日前后，部分与校外培训相关的股票又一度下跌50%以上，可见政策对校外培训的影响力度很大。为了更好地了解校外培训的发展历程，有必要回溯校外培训发展史，本章将分别回顾线下校外培训和线上校外培训的发展历程。

表3-2　美股上市的校外培训公司

单位：亿美元

序号	公司	上市时间	4月13日市值	7月16日市值	总部所在地
1	新东方	2006-09-07	250.4	110.74	北京市
2	好未来	2010-10-20	350.51	128.01	北京市
3	51Talk	2016-06-10	4.54	1.50	北京市
4	瑞思学科英语	2017-10-20	1.89	1.24	北京市
5	四季教育	2017-11-08	0.49	0.39	上海市
6	精锐教育	2018-03-28	3.68	1.52	上海市
7	朴新教育	2018-06-15	3.07	1.08	北京市
8	高途集团	2019-06-06	64.6	27.37	北京市
9	有道	2019-10-25	27.49	28.28	杭州市
10	洪恩教育	2020-10-09	6.37	5.40	北京市
11	一起教育科技	2020-12-04	12.64	4.84	北京市
12	掌门教育	2021-06-08	—	14.85	上海市

第一节　线下校外培训发展历程

根据我国校外培训的阶段性特征以及相关政策的颁布时间，我国线下校外培训的发展历程可划分为萌芽起步、稳定成长、高速发展和规范治理四个阶段。

一、线下校外培训萌芽起步阶段（改革开放—1991）

改革开放以前，与计划经济体系相适应的教育制度体系，表现为各种教育活动均由政府包办、集中统一、计划调控。1978 年，邓小平在全国科学大会开幕式上提出："教育事业，决不只是教育部门的事，各级党委要认真地作为大事来抓。各行各业都要来支持教育事业，大力兴办教育事业。"① 当时，教育要解决的基本问题就是突破旧体制的限制，形成一个既有政府统筹管理，又有各行各业参与的办学体系。随后，在北京市、上海市、广州市等地出现了较早的校外培训机构。1982 年修改的《中华人民共和国宪法》第十九条规定"国家鼓励集体经济组织、国家企业事业和其他社会力量依照法律规定举办各种教育事业"。这是我国第一次在宪法中鼓励社会力量参与办学，构成了我国包括校外培训在内的所有民办教育的合法性基础。可以说，这是一个在全社会引起巨大反响的决策，也是建立新教育秩序的开端，对校外培训发展起到了决定性作用。1985 年 5 月，中共中央颁布了《中共中央关于教育体制改革的决定》，明确"发展教育事业不增加投资是不行的。地方要鼓励和指导国营企业、社会团体和个人办学，并在自愿的基础上，鼓励单位、集体和个人捐资助学"，这些规定为非财政性经费投入教育活动提供了制度保障。1987 年 7 月，国家教委发布了《关于社会力量办学的若干暂行规定》，其中第六条提出"社会力量举办具有颁发国家承认学历证书资格的各级各类学校，应按照国家颁布学校设置的有关规定办理；举办其他学校（包括班、培训部等，下同），均应按本规定办理"，在这个文件中明确了举办培训班、培训部的参照依据。在这个阶段，虽然政策上对校外培训的发展提供了基础，但是由于政府包办教育的体制并不是一朝一夕能够改变的，市场机制并没有完全放开，对

---

① 邓小平. 邓小平文选（第二卷）［M］. 北京：人民出版社，1994：93.

社会力量办教育的管控依然较为严格，人们的思想也并没有完全解放，因此社会上只出现了零星以私人为主体出资举办的补习班，有的补习班甚至未经任何政府部门许可，只是由教师一个人在相对固定的场所开展有偿补习活动。这个阶段出现的补习机构并非完全是今天意义下的校外培训机构，充其量只能算是"作坊式""家庭式"的补习班，这也是校外培训最初的存在形式，当时进入这些补习机构的只是个别人。

二、线下校外培训稳定成长阶段（1992—2002）

1992年，邓小平的南方谈话和党的十四大拉开了建立社会主义市场经济体制的序幕，这是关系社会主义建设全局的重大问题，也即将推动中国教育体制的改革。1993年2月，中共中央、国务院印发了《中国教育改革和发展纲要》，指出要"改革包得过多、统得过死的体制，初步建立起与社会主义市场经济体制和政治体制、科技体制改革相适应的教育新体制"，可以看出改革的方向在于正确认识计划和市场的关系，正确处理政府、市场和学校的关系。在这个背景下，校外培训进入了稳定成长阶段，今天的新东方教育科技集团就是从1993年11月16日成立的北京新东方学校发展壮大而来的。然而，由于教育公益性的要求，教育的市场化改革受到很大的质疑。1995年颁布的《中华人民共和国教育法》第二十五条明确规定"任何组织和个人不得以营利为目的举办学校及其他教育机构"，这无疑使很多校外培训机构举办者陷入了营利不合法的境地，一些潜在举办者望而却步，已经办学的举办者只能摸着石头过河，这与当时的时代背景密切相关。1997年，国务院颁布了《社会力量办学条例》，这是当时针对民办教育制定的最高行政法规，虽然规定了社会力量举办教育机构不能以营利为目的，但是对于在社会力量办学中做出突出贡献的组织和个人，政府可以给予奖励。在这一鼓励政策下，社会资金纷纷进入校外培训行业。中共中央、国务院在世纪之交印发的《关于深化教育改革全面推进素质教育的决定》，给校外培训提供了更大的发展空间。在各地市场上尤其是大中城市，迅速出现了从事音乐、体育、美术等非学科性质的培训机构，家长们也开始将对孩子的投资转向素质教育方面。同时，在学科培训方面，除了满足一些家长和学生"补差型"的培训需求外，有的学生利用周末时间进行"培优型"补课，采取的形式或者是上补习班，或者是找一对一的家教。有学者指出，21世纪初随着中高考加分政策、重点中小学的分层录取和择校政策出台，学生为了获得更好的考试成绩及特长加分而选择专门的辅导机构和辅导老师，但这一时期课外辅导主要集中在各种类型的校内外辅导班以及教师和大学生的家教。[①] 通过参加校外培训，学生短时间内提升了成绩，这也引发了其他家长和学生的纷纷效仿。从总体上看，这个阶段进入校外培训机构的人数仍然有限。

三、线下校外培训高速发展阶段（2003—2017）

2002年12月28日通过的《中华人民共和国民办教育促进法》，是我国民办教育法制建设的里程碑事件，极大地推动了我国校外培训的发展。对校外培训影响较大的是其中的第六十六条"在工商行政管理部门登记注册的经营性的民办培训机构的管理办法，由国务院另行规定"。由于这个"另行规定"迟迟没有出台，其实践影响为：一方面，很多校外培训机构在教育部门取得办学许可证后根据《民办非企业单位登记管理暂行条例》的相关规定登记为非营利法人。然而，民办非企业单位指的是企业事业单位、社会团体和其他社会力量以及公民个人利用非国有资产举办的，从事非营利性社会服务活动的社会组织，这意味着教育投资的举办者不能营利，与投资者的办学初衷并不相符。所以有的举办者通过"与关联方之间的固定资产租赁行为、商品（服务）购买与销售行为、资金借贷行为、劳

---

① 楼世洲. "影子教育"治理的困境与教育政策的选择［J］. 教育发展研究，2013，（18）：76—79.

务购买行为、代理协议及许可行为、局部资源使用行为、担保及抵押行为、其他成本调节行为等关联交易"① 的方式获得相应回报。另一方面，有的举办者直接选择到工商行政管理部门注册为经营性的民办培训机构，以"教育咨询"或"文化培训"等为经营范围，虽然不具有教育行政部门的办学许可证，却以各种名义开展着校外培训活动，很多地方的行政部门对这种类型的培训机构并没有进行规范管理，导致营利性校外培训机构数量迅速增长。同时，在"小升初""初升高""高考"等层层选拔的压力下，校外补习竞争愈演愈烈，一部分人通过上课外培训成绩提升了，而不上课外培训的学生就相对落后，从而导致了越来越多的学生被动选择参加校外培训，学生的成绩排序又回到了起始状态，却增加了家长的经济负担和孩子的学业压力。此外，在这个阶段一些大型教育集团逐渐形成，并在境外上市，校外培训的发展有愈演愈烈之势。至此，接受校外培训的已不仅仅是少数人，市场规模不断壮大。而相应的政府管理却在某种程度上缺位，致使校外培训机构无序发展。

四、线下校外培训的规范治理阶段（2018—　）

校外培训机构的过度逐利、无序发展，以有利于应试教育和教育竞争为噱头，加剧了教育的不公平状态，实际效果更有利于富裕家庭的孩子。校外培训从"补差型"到"培优型"再到追求名牌补习班和名校师资，火热程度愈演愈烈。有位家长写了《疯狂的黄庄》一文，介绍了北京学生参加校外培训的种种艰辛，某些"名牌补习班"一位难求，某些"名校老师"更是炙手可热，引起了社会广泛共鸣，引发了社会普遍性的教育焦虑。有位学者通过对 80060 名参加校外培训学生的调查发现，学生参加校外培训越来越低龄化，从小学 1—3 年级开始参加校外培训的

---

① 董圣足. 民办学校"关联交易"的规制与自治 [J]. 复旦教育论坛, 2018, (4): 30—36.

占 36.7%，从小学 4—6 年级开始参加校外培训的占 36.8%；参加培训没有充分尊重学生意愿，由家长推荐和要求的占 50%；每周补习占用时间较长，其中 2—4h 的占 40.2%，4—6h 的占 16.5%；而且给家庭带来一定的经济负担，每周消费不高于 300 元的占 35.5%，每周消费达 300—500 元的占 25.4%。[①] 不难发现，校外培训不规范发展的治理成为一个不容回避的问题，完全依靠市场力量已经不能实现校外培训的有序发展，亟待政府部门"进位"引导和监管。2016 年 11 月 7 日，第十二届全国人民代表大会常务委员会第二十四次会议审议通过了《全国人民代表大会常务委员会关于修改〈中华人民共和国民办教育促进法〉的决定》，开启了民办教育营利性与非营利性的分类管理，从而为理顺校外培训机构的办学属性提供了制度支持，为进一步规范校外培训机构的发展奠定了法制基础。2018 年 2 月，以教育部、国家市场监管总局等四部门印发《关于切实减轻中小学生课外负担开展校外培训机构专项治理行动的通知》为标志，正式部署开展了校外培训专项治理。2018 年 8 月，国务院办公厅印发了《关于规范校外培训机构发展的意见》，作为国家对于校外培训的顶层设计，为进一步规范校外培训的发展指明了方向。校外培训专项治理用时短、见效快，取得了较好的成绩，但从长远发展角度考虑，还需要建立引导和规范校外培训的长效机制，从而保障教育事业的良好发展。2021 年 7 月，史上最严监管政策"双减"政策的出台为引导和规范校外培训长远发展提供了依据。

第二节　线上校外培训发展历程

与线下培训发展历程不同，受到技术限制，线上校外培训发展得相对

---

① 杭永宝，王中．大教育观视角下"校外培训热"标本兼治的系统思考 [J]．江苏理工学院学报，2018，(12)：128—131．

较晚。20世纪90年代，随着互联网技术的发展，以101远程教育网为代表的第一批网校成立。随着政府对民办教育鼓励力度加大，21世纪初面向中小学学科辅导的线上校外培训也随之发展起来。21世纪第一个十年之后，在资本和技术的共同促进下，在线教育从2010—2013年积蓄力量，进入2013年后快速发展，从业者对线上培训期望很高，导致线上培训大量涌现。经过2018年以来的规范治理，特别是"双减"政策颁布后，目前线上培训从业者逐渐走向理性，进入稳定发展阶段。

一、线上校外培训萌芽起步阶段（1994—2002）：工具与技术带来的变革

线上培训能够发展起来最为关键的因素在于工具与技术带来的巨大变革，一是计算机的出现，二是互联网技术发展。在第二次世界大战期间，美军为了解决处理大量军用数据的难题，开始研制电子计算机，到1946年2月，世界上第一台计算机诞生。当时计算机与教育关联性很弱，根本没有对线上教育产生任何影响。此外，互联网的起源也与军事发展密切相关，1969年出于军事的需要，美国国防部把4台军用计算机主机连接了起来，成了互联网正式诞生的标志。1991年商用的Internet正式成立，由此进入了一个新的发展时期，在线教育随之逐渐发展壮大。有学者指出，20世纪90年代，随着互联网的出现，校外远程教育和校内的计算机辅助教学两条曾经独立发展的路径开始走向融合和汇聚，共同奠定了美国K-12在线教育发展的初期基础。[①] 1994年4月，我国通过一条64K的国际专线接入国际互联网，成为我国互联网时代的起始点，为我国线上校外培训发展奠定了重要基础。1996年，101远程教育网正式开通，成为我国最早开展

---

① 梁林梅，赵柯杉. 美国K-12在线教育：现状、系统结构与政策分析［J］. 中国电化教育，2017，（11）：65—71.

线上校外培训的公司之一；2001 年，龙之门教育公司与北京四中达成校企合作，成立北京四中网校，将北京四中优质教育教学资源通过互联网向全国进行传播，进一步推动了线上校外培训的发展。但是，由于当时个人拥有计算机的数量有限以及互联网发展并不普及，线上校外培训针对个人的培训相对较少，更多的是与地方政府或者学校合作，将优质的课程资源打包提供给学校，由学校统筹安排学生进行学习。

二、线上校外培训探索发展阶段（2003—2012）：民办教育政策鼓励发展

2002 年 12 月通过的《民办教育促进法》提出"国家对民办教育实行积极鼓励、大力支持、正确引导、依法管理的方针"，为我国民办教育发展奠定了法律基础，推动了校外培训行业的高速发展。在随后几年中，大量校外培训机构迅速发展起来。此外，2002 年底出现的"非典"疫情，在 2003 年迅速扩大，政府要求学校和校外培训机构停课，这对当时的线下培训造成了严重的影响，学生纷纷要求退款，有的机构不堪资金压力而倒闭。"非典"疫情虽然导致线下培训被迫停课，但教育需求被转移到了线上，为线上教育发展提供了契机。当时，出现了一个名叫"奥数网"的网站，通过录播的方式将课程搬上网，"非典"疫情期间异常火爆，到 2010 年这个"奥数网"变更为学而思网校，发展成为线上培训的引领者。"非典"疫情过后，一些规模较大的校外培训机构汲取经验教训，同时为了扩大企业规模，逐渐探索线上培训的模式。比如，2005 年新东方在线成立，并逐渐推出新东方教育云平台，提供数字教育信息化整体解决方案，并于 2019 年 3 月成功登陆港交所，成为在线教育第一股。

三、线上校外培训盲目扩张阶段（2013—2017）：资本大量涌入引发投机行为

2013 年被称为在线教育元年，因为从这年开始，线上培训投资热潮一浪高过一浪，除了很多传统线下培训机构发展线上业务外，一些互联网巨头和上市公司也开始投资在线培训。以互联网巨头 BAT 为例，2013 年阿里巴巴推出淘宝同学；百度投资传课网、沪江网、万学教育等；腾讯推出腾讯课程，投资易题库等。同时，新兴的在线培训公司也迅速发展壮大，如跟谁学、猿题库、一起作业网等。以线上校外培训机构猿辅导为例，自 2012 年至 2020 年经过多轮融资，投资方包括 IDG 资本、经纬中国、腾讯公司、高瓴资本等多家投资机构，仅 2020 年就融资 35 亿美元，可见其受到资本的高度青睐，也助推了猿辅导高速发展，迅速占领线上校外培训市场，成为行业龙头企业之一。（见表 3-3）进一步分析，根据这些在线培训公司的主要服务模式，可以归纳为三种类型：第一类是资源型，主要以视频教学为主，在形式上有视频录播、"双师课堂"直播、一对一辅导等，这是线上培训的主力，如 VIPKID、51Talk 等；第二类是平台型，主要是为有线上培训需求的从业者搭建网络交流平台，支持直播互动、辅导答疑、线上交流等，如腾讯课堂、超星集团等；第三类是工具类，主要为学习者提供习题库、个人画像、学习路径规划等，如猿题库、学习宝等。当然，处于行业领先者地位的大型培训机构往往是一个综合性平台，集资源、平台和工具于一体，具有较强的竞争优势。在这一阶段，投资机构不仅仅带来了资金，而且将一些新思维新技术引进了教育行业，如一些互联网机构将纯粹的"互联网思维"运营到线上培训项目中，不断通过加大投资占领市场，出现了大量的盲目投机和跟风行为，催生了在线培训的泡沫，给在线校外培训市场带来巨大的风险。

表 3-3　猿辅导融资历程

序号	披露日期	融资金额	融资轮次	投资方
1	2020-12-24	3 亿美元	战略融资	云锋基金
2	2020-10-21	10 亿美元	G+轮	DST Global CPE 源峰 新加坡政府投资公司 Temasek 淡马锡 挚信资本 德弘资本 景林资本 丹合资本
3	2020-08-31	12 亿美元	战略融资	高瓴资本 腾讯公司 博裕资本
4	2020-03-31	10 亿美元	G 轮	高瓴资本 腾讯公司 博裕资本 IDG 资本
5	2018-12-25	3 亿美元	F 轮	腾讯公司 华平投资 经纬中国 IDG 资本
6	2017-05-31	1.2 亿美元	E 轮	华平投资 腾讯公司
7	2016-05-31	0.4 亿美元	D+轮	腾讯公司
8	2015-03-30	0.6 亿美元	D 轮	华人文化产业基金 新天域资本 IDG 资本 经纬中国
9	2014-07-01	0.15 亿美元	C 轮	IDG 资本 经纬中国
10	2013-08-01	0.07 亿美元	B 轮	IDG 资本 经纬中国
11	2012-08-01	0.1 亿美元	A 轮	IDG 资本

（注：相关数据来源于百度百科）

四、线上校外培训规范发展阶段（2018— ）：通过专项治理引向发展正轨

线上培训过快过热发展导致发展过程中出现了一些问题，尤其是将以"应试"为导向的培训发挥到极致，给学校正常的教育教学秩序带来了混乱，引起了党中央、国务院的重视。2018 年 8 月，国务院办公厅印发的《关于规范校外培训机构发展的意见》，对做好线上教育的监管工作提出了明确要求。2019 年 7 月，教育部等六部门联合发布了《关于规范校外线上培训的实施意见》，这是国家层面颁布的第一个专门针对线上校外培训活动的规范性文件，为线上校外培训持续健康有序发展提供了指导。"双减"政策进一步要求线上校外培训由备案制改为审批制，标志着我国线上培训统筹规范管理迈出了重要一步，不论是线上培训还是线下培训，将逐渐回归到正常发展轨道。

此外，需要指出的是 2020 年初，为了有效应对新冠肺炎疫情的发展，教育部通知要求全国大中小学 2020 年春季学期延期开学。针对延期开学导致学生如何学习的问题，教育部发出了利用网络平台"停课不停教、不停学"的建议，以期为广大学生提供学习资源和学习支持服务，切实解决学生实际困难。随后，各地积极响应教育部的号召，迅速行动，充分发挥"互联网+教育"的优势，提供丰富多样、可供选择、广泛覆盖的优质网上教学资源。这其中有一支不容忽视的社会力量也积极投入到优质资源的供给中，如作业帮、学而思、新东方、猿辅导等各大校外培训机构均相继推出了免费在线学习课程。据统计，截至 2020 年 2 月 11 日，已经有超过 130 多家在线教育公司，向武汉或全国提供各类在线教育资源、工具、平台、服务等。[①] 可以说，受到新冠肺炎疫情影响，线上校外培训迅速发展，也

---

① 焦建利，周晓清等. 疫情防控背景下"停课不停学"在线教学案例研究 [J]. 中国电化教育，2020，（3）：106—113.

催生了"OMO 模式"（Online Merge Offline，线上与线下结合的平台型商业模式），进一步发挥在线教育的优势，线上线下相融合的模式也成为当前校外培训发展的主流趋势。

第四章　家庭视角：家庭参与校外培训情况调研

校外培训负担过重已经成为一个不争的事实，家长焦虑、学生压力过大已经是一个比较普遍的现象，影响了人民群众教育的获得感、幸福感。那么，校外培训究竟对孩子成长产生了什么影响？家长争先恐后让孩子参加校外培训的原因是什么？孩子是否真正需要报名参加校外培训？针对这些问题，笔者编制了《关于校外培训情况的调查问卷（家长卷）》，以期通过深入调查研究校外培训机构实际效果，探寻参加校外培训的原因，切实缓解家庭教育焦虑。

第一节　总体情况分析

本次调查根据已有研究的部分指标并结合新形势自编问卷，通过多次专家论证及测试予以确定。问卷共分为三部分，第一部分是基本信息，主要调查家庭的人口学变量，包括区域、父母职业、学历等；第二部分是学生参与校外培训的情况，包括参加的培训班数量、培训时长、培训原因、培训效果、培训满意度、培训负担等；第三部分是两道开放式问题，一是"您对减轻学生校外培训负担有什么建议？"，二是"关于'双减'、家庭教育或其他教育话题，您想了解什么内容?"。在全国范围内共收到问卷104725份，有效问卷99970份，有效率为95.5%。其中幼儿园阶段占比4%，小学阶段占比69.7%，初中阶段占比18.2%，高中阶段占比8.1%。

一、学生参加校外培训的数量

总体而言，57.4%的学生没有参加校外培训，参加1门的占18.7%，参加2门的占14.2%，参加3门及以上的占9.7%（见表4-1）。在参加的学科类培训中，数学、外语、语文所占比例较高，分别为49.3%、39%、38%，政治、地理、历史所占比例较低，分别为2.8%、2.8%、2.9%。在参加的素质类培训中，书画、舞蹈、音乐所占比例较高，分别为29%、19.2%、14.8%，冰雪运动、轮滑、编程所占比例较低，分别为0.6%、2.4%、5.6%。

表4-1　学生参加校外培训数量总体情况

培训数量	0门	1门	2门	3门	4门	5门	5门以上
占比	57.4%	18.7%	14.2%	7%	1.4%	0.5%	0.8%

不同区域中，乡村地区参加校外培训的占比最低，74.5%的学生没有参加，而后在乡镇、县城、市辖区不参加培训学生的比例逐渐降低，市辖区仅有45.5%的学生未参加校外培训。参加3门及以上校外培训的学生中，从乡村到市辖区依次递增，在市辖区有13.7%的学生参加超过3门的校外培训，比例相对较高。（见表4-2）

表4-2　不同区域学生参加校外培训数量

区域	0门	1门	2门	3门及以上
乡村	74.5%	11.9%	7.6%	6%
乡镇	69.4%	14%	9.9%	6.7%

续表

区域	0门	1门	2门	3门及以上
县城	52%	22.8%	15.7%	9.5%
市辖区	45.5%	21.7%	19.1%	13.7%

二、学生参加校外培训的负担

1. 校外培训负担总体情况

关于学生的校外培训负担，总体而言认为负担一般的占比最高，达到56.5%，认为较重、很重的比例达到23.1%，认为较轻、很轻的比例达到20.5%。（见表4-3）

表4-3　学生校外培训负担总体情况

培训负担	很轻	较轻	一般	较重	很重
占比	11.9%	8.6%	56.4%	16.8%	6.3%

2. 不同年级学校校外培训负担情况

调查显示，校外培训负担较重、很重占比较高的分别是高三和九年级，达到46%和37%，校外培训负担较重、很重占比较低的分别是幼儿园中班和小班，仅为1.4%和2.8%。（见表4-4）进一步分析，随着年级的增长，校外培训负担呈现递增的趋势，特别是到了初中以后校外培训负担加剧的情况较为明显。相较而言，幼儿园和小学低年级的培训负担相对较轻。

表4-4　不同年级学生校外培训负担

年级	很轻	较轻	一般	较重	很重
幼儿园小班	57.6%	11.9%	27.7%	1.9%	0.9%
幼儿园中班	48.4%	15.2%	35%	0.9%	0.5%
幼儿园大班	34.6%	15.7%	46.2%	2.7%	0.8%

续表

年级	很轻	较轻	一般	较重	很重
一年级	8.5%	10.1%	69.2%	10.4%	1.8%
二年级	6.9%	10.4%	70.1%	10.8%	1.8%
三年级	4.1%	6.7%	69.6%	16.5%	3.1%
四年级	4.5%	7.2%	70.6%	14.9%	2.8%
五年级	4.1%	6%	70.5%	16.3%	3.1%
六年级	4.5%	7.1%	68.8%	16.2%	3.4%
七年级	3.7%	6.2%	68.1%	18.5%	3.5%
八年级	3%	5.2%	66.3%	21.7%	3.8%
九年级	2.1%	2.8%	58.1%	29.7%	7.3%
高一	2.4%	3.9%	59.8%	28.3%	5.6%
高二	1.9%	3%	58.9%	30%	6.2%
高三	1.7%	1.9%	50.4%	33.6%	12.4%

3. 不同区域培训负担

调查显示，乡村、乡镇、县城和市辖区等不同区域培训负担均较重，超过了20%。统计表明，校外培训负担较重、很重的比例从乡村到市辖区依次增加，占比分别为22.1%、22.2%、22.4%、24.9%，市辖区学生的校外培训负担相对较重。（见表4-5）

表4-5　不同区域学生校外培训负担

区域	很轻	较轻	一般	较重	很重
乡村	13.7%	7.9%	56.3%	15.7%	6.4%
乡镇	11.9%	8.3%	57.6%	16.6%	5.6%
县城	12.3%	8.9%	56.4%	16.5%	5.9%
市辖区	10.2%	8.8%	56.1%	18.1%	6.8%

4. 公民办学校的培训负担

调查显示，公办知名学校、公办普通学校、民办知名学校、民办普通学校的校外培训负担整体差异不大。在公办学校中，知名学校和普通学校培训负担较重、很重分别占比达到 22.7%、23.9%，在民办学校中，知名学校和普通学校培训负担较重、很重分别占比达到 22.1%、21.9%，相差不大。可以说，不论是公办学校还是民办学校，校外培训负担均比较突出。（见表4-6）

表4-6　公民办学校的培训负担

学校类型	很轻	较轻	一般	较重	很重
公办知名学校	12.6%	9%	55.7%	16.5%	6.2%
公办普通学校	11.3%	8.3%	56.5%	17.4%	6.5%
民办知名学校	10.6%	8.3%	59%	16.4%	5.7%
民办普通学校	12.9%	8.6%	56.6%	15.9%	6%

三、对校外培训的满意度

针对校外培训机构的满意度调查分为两个维度，分别是针对校外培训机构的满意程度和对政府治理校外培训的满意程度。关于校外培训的整体满意程度，很满意占比达到6.7%，占比最高的一般达到60.4%，很不满意占比为5.3%。关于政府治理校外培训机构的满意程度，很满意率达到10%，占比最高的一般达到54.9%，很不满意率为4.7%。（见图4-1）可以说，在"双减"政策审议通过及校外教育培训监管司成立前，广大家长对政府治理校外培训的满意程度并不是很高，仍有进一步提升的空间，相信这也是国家专门成立相关业务司局开展监管工作的原因之一。

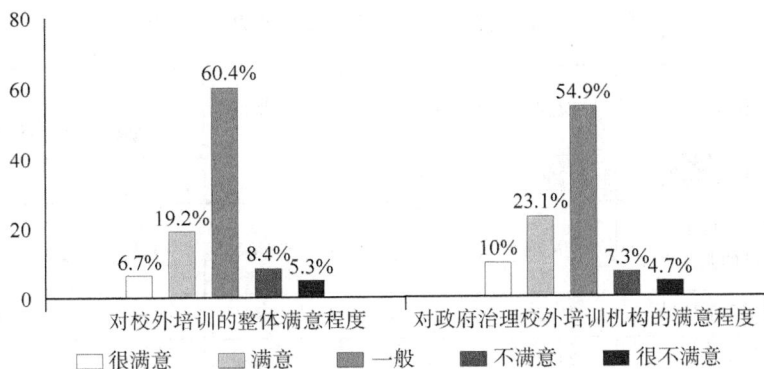

图 4-1　校外培训的满意度

四、校外培训的实际效果

总体而言，校外培训在满足个性化学习需求、提供校内不能满足的服务、提高学业成绩、增强孩子自信、培养兴趣特长、拓展综合素质等方面均发挥了积极作用，产生了较好的培训效果。比如在培养兴趣特长方面，很有帮助占比达到了29.4%。因此，要肯定校外培训的历史地位和现实价值。特别是新冠肺炎疫情以来在线培训为教育事业的发展贡献了力量，即便当前，校外培训在引入科技创新、推动薄弱地区教育质量提升等方面也发挥着作用。

同时，不能否认校外培训产生的消极影响。调查显示，总体而言认为校外培训没有帮助的占比达到近10%，如在提高学业成绩方面认为没有帮助占比高达11.8%。甚至有的家长认为校外培训产生了负面效应，如在拓展孩子综合素质方面负面影响占1%。此外，有的家长并不清楚校外培训是否有帮助，比如有的家长对于是否满足了孩子的个性化需求、是否提高了学业成绩等方面并不清楚的超过7%，在一定程度上体现了家长盲目跟风的现象。（见表4-7）

表 4-7 校外培训的实际效果

效果	很有帮助	有点帮助	没有帮助	产生负面效应	不清楚是否有帮助
满足了个性化学习需求	25%	60.7%	6%	1.1%	7.2%
提供了校内不能满足的服务	20.2%	57.1%	9.9%	1.6%	11.2%
提高了学业成绩	21.1%	58.7%	11.8%	1%	7.4%
增强了孩子自信	28.7%	56.2%	8.5%	1.3%	5.3%
培育发展了兴趣特长	29.4%	53.5%	9.8%	1.1%	6.2%
拓展了综合素质	26.9%	56.5%	8.9%	1%	6.7%

五、校外培训中存在的问题

调查显示，校外培训中确实存在乱象，在一次性预付费超过60课时或3个月、退费难、电话骚扰等方面问题比较突出，很严重、比较严重占比分别达到了19.7%、18.9%、18.3%，为校外培训重点治理提供了方向。同时，在教学质量、教师更换频繁等方面存在问题相对较轻，很严重、比较严重均占14%。值得关注的是家长认为卷款跑路问题很严重、比较严重占比虽然只有9.9%，但是这个现象不容忽视，因为一旦出现卷款跑路的问题，将给家长、学生带来巨大的损失，容易引发公共事件风险，值得重点关注。（见表4-8）

表 4-8 校外培训中存在的问题

问题	很严重	比较严重	一般	比较不严重	很不严重
应试倾向	4.3%	8.2%	67.2%	9.1%	11.2%
超纲超前教学	3.5%	7.1%	62.9%	13.1%	13.4%
虚假宣传	5.3%	7.2%	48.5%	17%	22%
安全隐患	4.9%	5.3%	53.1%	16.2%	20.5%

问题	很严重	比较严重	一般	比较不严重	很不严重
证照不齐全	5.7%	6.1%	46.8%	15.7%	25.7%
学科类教师无教师资格证	6.1%	6.6%	44.8%	15.5%	27%
教师更换频繁	5.7%	8.3%	46%	15.5%	24.5%
教学质量不能保证	6.1%	7.9%	49.6%	14.7%	21.7%
一次性预付费超过60课时或3个月	8.8%	10.9%	47.1%	12.8%	20.4%
退费难	9.4%	9.5%	43%	13.3%	24.8%
卷款跑路	5.6%	4.3%	36.7%	14.7%	38.7%
电话骚扰	10.4%	7.9%	36.3%	13.2%	32.2%

六、培训模式

调查显示，学生参加培训仍以线下模式为主，占比达到61.2%，其次是线上线下混合培训，占比达到24.4%，占比最低的是线上培训，只占14.4%。（见图4-2）研究表明，虽然新冠肺炎疫情大大促进了线上培训的发展，吸引了大量资金的涌入，但整体而言，线上培训的占比仍然较低，仍有进一步发展的空间。

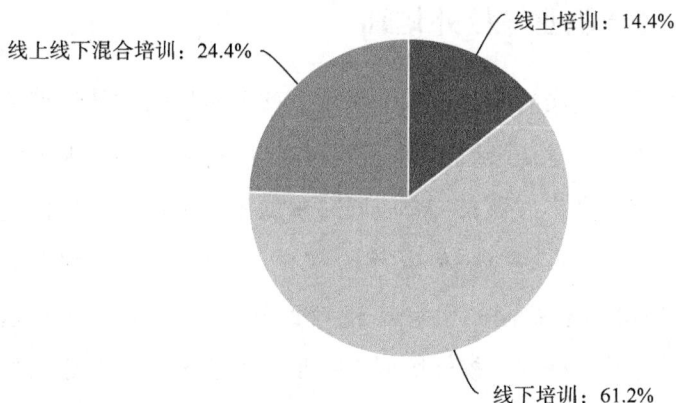

图4-2 参加校外培训的模式

七、选择校外培训机构最关注的内容

调查显示，家长给学生选择培训机构时，最关注的是教学效果，占比达到 72.9%，其次是师资力量，占比达到 69.8%。此外，教学环境、课程设置关注度也相对较高，分别达到 51.9% 和 38.8%。关注点相对较低的是证照合规、课程价格和品牌声誉，占比分别为 24%、19.1%、16.2%。（见图 4-3）此外，还有家长提到了安全第一、提供饮食、帮助做作业等方面的需求。

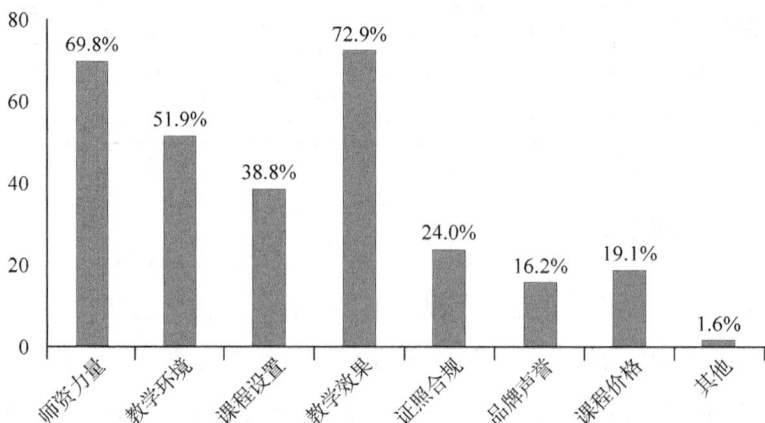

图 4-3　选择校外培训机构最关注的内容

八、父亲职业与校外培训

调查显示，父亲的职业、职位不同，孩子参加的校外培训机构数量也不同。国家机关、党群组织、事业单位和社团科级以上管理人员的孩子参加培训的比例最高，占到 67.3%，同时参加 3 门及以上的比例也最高，达到 21.3%。而农民、农业劳动者的孩子参加培训的比例最低，仅占 29.7%，与参加比例最高的相差近 38 个百分点。（见表 4-9）这与其他学者的研究结论基本一致，校外培训进一步拉大了不同人群之间的差异，影响了教育公平。

表 4-9　父亲职业与孩子参加校外培训数量

职业	0 门	1 门	2 门	3 门及以上
国家机关、党群组织、事业单位和社团科级以上管理人员	32.7%	22.2%	23.8%	21.3%
国有、集体、私营和中外合资等大中型企业中的中高层管理人员	33.7%	22.6%	24.5%	19.2%
私营企业主	39.5%	24.6%	21.3%	14.6%
专业技术人员（教师、医生、会计师、工程师、律师、设计师等）	42.5%	21.8%	19.6%	16.1%
军人	41%	20.3%	20.7%	18%
普通公务员和企事业办事人员	41.1%	21.2%	21.4%	16.3%
个体工商户	48.3%	23%	18.4%	10.3%
商业、服务业员工	55.3%	21.1%	14.6%	9%
产业工人	57.9%	20.3%	13.7%	8.1%
农民、农业劳动者	70.3%	14.6%	9.1%	6%
城乡无业、失业、待业人员	61.8%	17.9%	12%	8.3%

九、父亲学历与校外培训

父亲的学历与孩子参加校外培训的数量具有一定相关性。调查显示，父亲的学历越高，孩子参加校外培训的可能性越大。父亲学历是小学及以下的，孩子不参加校外培训的占 72.7%，父亲学历是硕士的，孩子不参加校外培训的仅占 25.4%。父亲学历是初中的，孩子参加 3 门及以上校外培训的占 6.6%，父亲学历是博士的，孩子参加 3 门及以上校外培训的占 37.5%。（见表 4-10）

表4-10　父亲学历与孩子参加校外培训数量

学历	0门	1门	2门	3门	4门	5门	5门以上
小学及以下	72.7%	12.7%	7.5%	4.4%	0.8%	0.6%	1.3%
初中	66.2%	16.6%	10.6%	4.8%	0.7%	0.3%	0.8%
高中	54%	21.1%	16%	7%	1.2%	0.3%	0.4%
大专	42.2%	23.5%	20.4%	10.4%	2.4%	0.6%	0.5%
本科	33.8%	22.1%	24.1%	14.3%	3.6%	1.2%	0.9%
硕士	25.4%	20%	22.7%	19%	7.7%	2.5%	2.7%
博士	35%	14.4%	13.1%	18.9%	5.1%	3.7%	9.8%

第二节　参与原因探析

当下校外培训如此火热，必然是在多种因素共同推动下才形成了如此庞大的市场规模。那么，家长、学生为什么会有这么大的培训需求，为什么会参加校外培训，值得深入分析探讨。

一、参加校外培训的几种类型

不同的学生参加校外培训必然会有不同的诉求，笔者将其分为培优型、补差型、兴趣爱好型、受别的家庭影响型、学校建议参加型。调查显示，参加校外培训学生占比最高的是兴趣爱好型，达到52.2%；其次是补差型，占39.7%；再次是培优型，占33.4%；同时，还有受别的家庭影响、学校建议参加等类型，占比均为5%左右。（见图4-4）此外，有的家长在调查中提到"素质课程学校不重视、人不能无一技之长、强身健体、提高素质、托管功能"等考虑。

按照不同年级进行分析，可以发现不同年级培优型占比基本在20%—30%之间。随着年级的增长补差型占比呈现上升趋势，幼儿园阶段补差型

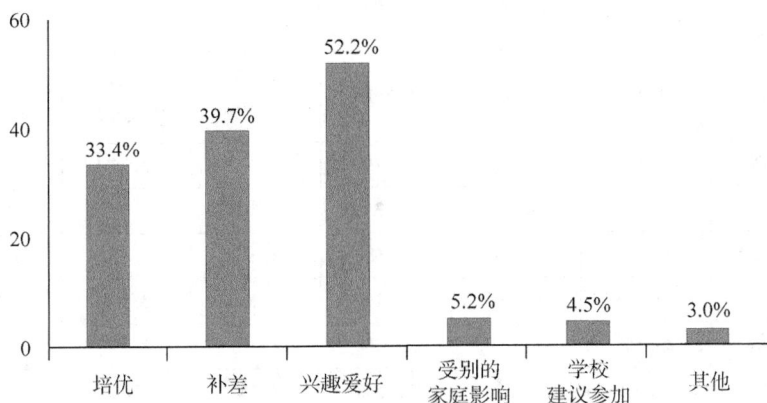

图 4-4　学生参加校外培训的类型

占比不足 10%，小学阶段在 10%—40%，到了初中以后均超过了 40%，最高的高三年级达到 46.9%，可以说年级越高补差型的占比也越高。同时，兴趣爱好型随着年级的提升所占比例呈现下降趋势，从幼儿园小班的 61.3%降到高三的 23.5%。（见表 4-11）不难发现，当前校外培训过热，其中占比较高的仍是培训孩子的兴趣爱好和补差，表明了校外培训的市场需求是家长的刚需。因此，在当前严格治理过程中，校外培训仍在发展，最根本的原因在于市场有需求，即便是从长远发展来看，市场需求依旧会存在，如果只采取堵的方式，部分需求将转入地下，反而不利于治理，因此要坚持"疏堵结合"。

表 4-11　不同年级学生参加校外培训机构的类型

年级	培优	补差	兴趣爱好	受别的家庭影响	学校建议参加	其他
幼儿园小班	21.3%	7.2%	61.3%	4.4%	3.9%	1.9%
幼儿园中班	18.2%	3.6%	70.1%	4.2%	2%	1.9%
幼儿园大班	19.7%	8.6%	59.9%	5.7%	2.6%	3.5%
一年级	21.3%	15.7%	54.4%	3.3%	2.6%	2.7%

续表

年级	培优	补差	兴趣爱好	受别的家庭影响	学校建议参加	其他
二年级	22.6%	18.8%	48.7%	4%	3.3%	2.6%
三年级	24.6%	26.6%	40.3%	3.6%	2.9%	2%
四年级	24.9%	30.9%	35%	3.6%	3.1%	2.5%
五年级	26.8%	32.3%	32.1%	4%	3.1%	1.7%
六年级	29.5%	33.9%	27.3%	4.2%	3.2%	1.9%
七年级	22.6%	41.5%	27.5%	3.2%	3.6%	1.6%
八年级	22.5%	43.4%	23.7%	3.9%	4.4%	2.1%
九年级	22.7%	41.9%	23.2%	3.9%	6%	2.3%
高一	23.8%	42.7%	22.8%	3.2%	5.7%	1.8%
高二	23.4%	45.8%	22.6%	2.4%	4.3%	1.5%
高三	21.2%	46.9%	23.5%	4.4%	2.1%	1.9%

二、社会教育焦虑程度整体偏高

教育功利化倾向引发了教育焦虑。在"不患寡而患不均"的思维驱动下，家长们从孩子出生那一刻起便开始焦虑，担心子女未来能否获得优质教育资源、能否获得好的工作机会、能否获得更高的社会地位。[①] 调查显示，当前家长的教育焦虑程度普遍偏高，非常焦虑的占比近20%，比较焦虑的占36.3%，不焦虑和非常不焦虑的只占8.5%。分学段而言，初中阶段非常焦虑和比较焦虑的占比最高，达到59%，其次是小学阶段和高中阶段，分别占比56.7%和51.9%，幼儿园阶段占比最低，达到41.3%。（见表4-12）在这种焦虑中，家长为了给孩子提供更多的支持，不可避免地将目光投向提供辅导的校外培训机构。可以说，教育焦虑已经成为当前亟待破解的难题，解决不好将严重影响人民群众对教育的获得感及对优质生活的满意度。

---

① 课题组. 扭转教育功利化倾向 [J]. 教育研究，2020，(8)：4—17.

表 4-12　家长教育焦虑程度

学段	非常焦虑	比较焦虑	一般	不焦虑	非常不焦虑
总体	19.9%	36.3%	35.3%	7.3%	1.2%
幼儿园	12.4%	28.9%	43.2%	13.2%	2.3%
小学	20.2%	36.5%	34.9%	7.2%	1.2%
初中	22.2%	36.8%	33.3%	6.8%	0.9%
高中	16.4%	35.5%	39.6%	7.2%	1.3%

三、家长存在盲目跟风的现象

在教育焦虑的裹挟之下，有的家长能够冷静思考、客观分析，但也不乏一些家长出现了盲目跟风的现象。一方面，校外培训机构大肆宣传、虚假宣传、过度营销。据调查显示，家长通过公众号、网络宣传、电视广告、电话营销等途径获得校外培训信息的比例达到 46.8%，一些家长无法辨别，不由自主的陷入"营销陷阱"，产生教育焦虑，也跟风为孩子报名参加校外培训。另一方面，校外培训的"剧场效应"已经形成，家长为了自己孩子不落后，迫不得已让孩子加入了培训。调查显示，家长了解校外培训机构最主要的途径是孩子同学家长相互介绍，比例高达 75.4%，可见同辈效应明显，有的班级中、年级内、学校里大部分孩子都参加了校外培训，共同推动校外培训热，部分家长出现跟风行为难以避免。此外，通过学校介绍了解校外培训机构的比例高达 23.6%，说明学校在某种程度上助推了学生参加校外培训的热度。（见表 4-13）

表 4-13　了解校外培训机构的途径

途径	比例	途径	比例
学校介绍	23.6%	公众号	21%
孩子同学家长介绍	75.4%	网络宣传	14.2%

续表

途径	比例	途径	比例
电视广告	6%	其他	8.1%
电话推销	5.6%	—	—

四、优质教育资源不充足

当前，我国教育已经实现了基本均衡发展，但是教育优质均衡发展刚刚起步，各地优质教育资源分配不均衡，特别是课后育人服务尚不能满足家长的需求。调查显示，学校提供课后育人服务的占64.3%，仍有35.7%的学校尚未提供课后育人服务。同时，能够提供课后育人服务的学校，学生校外培训负担较重、很重占比为21.7%，学校未提供课后育人服务，学生的校外培训负担较重、很重占比为25.6%，相差4%，可见学校提供课后育人服务减轻校外培训负担的重要意义。（见表4-14）

表4-14　育人服务与校外培训负担

育人服务	很轻	较轻	一般	较重	很重
是	11.9%	8.9%	57.5%	16.1%	5.6%
否	11.7%	8%	54.7%	18.1%	7.5%

同时，进一步分析发现，学校提供课后育人服务的满意度也对校外培训负担产生一定影响。调查显示，对学校提供课后育人服务很满意，校外培训负担较重、很重占比20.5%，对学校提供课后育人服务不满意，校外培训负担较重、很重占比32.5%。（见表4-15）可见，对学校提供课后育人服务的满意程度在一定程度上影响了学生校外培训负担。为了弥补校内服务的缺陷，家长只能通过增加教育投入追逐优质的教育资源，使得优质的校外培训水涨船高。因此，在政策调整中要进一步提升课后育人服务质量。

表4-15　课后育人服务满意度与校外培训负担

课后育人服务满意度	培训负担				
	很轻	较轻	一般	较重	很重
很不满意	16.6%	8.8%	49.6%	14.1%	10.9%
不满意	12.2%	12.5%	42.8%	23.4%	9.1%
一般	9%	7.7%	62%	16%	5.3%
满意	11.8%	9.9%	56.4%	17%	4.9%
很满意	23.6%	9.3%	46.6%	12.4%	8.1%

五、校外培训市场不规范

规范校外培训是当前治理的方向。目前，校外培训市场不规范的现象不仅仅是有证有照机构的问题，而且无证无照、有照无证的问题也比较突出。调查显示，参加正式培训机构的学生占比75.1%，家长自主为孩子组班的比例位居第二位，达到17.1%，由校外教师提供家教服务的占16.4%，由学校教师提供培训的比例高达15.8%。此外，还有家长提到采取了"聘请大学生培训、退休教师在家培训、家长自主辅导"等方式。此项问题，需要重点关注，除了在正规培训机构培训外，家长自主组班、家教服务所占比例高达33.5%，这是没有营业执照和办学许可的"小作坊"式办学，既存在一定的安全隐患，同时也侵害了正规办学机构的利益。此外，在国家严厉禁止、查处校内教师补课问题的背景下，仍有超过10%的培训由校内教师提供，可见这个问题仍十分严重，需要进一步加强监管。（表4-16）

表4-16　参加校外培训的途径

培训途径	比例	培训途径	比例
有正式培训场所的培训机构	75.1%	由学校教师提供培训	15.8%
家长自主为孩子组班	17.1%	其他	3.9%
由校外教师提供家教服务	16.4%	—	—

第五章　政府视角：校外培训规范发展的治理

校外培训的发展受到政府、市场、家庭和社会等多方影响，其中政府和市场是其中非常关键的要素。当下，在市场这只"无形之手"效用日益递减的情况下，必须发挥政府这只"有形之手"的作用，通过治理整顿扭转校外培训疯狂发展的势头，使校外培训步入正轨，扭转不良教育生态。2018 年治理专项行动开展以来，校外培训治理取得了一定成效，地方不断探索完善治理之策，为校外培训治理提供了宝贵经验。与此同时，校外培训治理仍存在一定的难点，需要进一步探索解决之道。本章将总结政府治理取得成效，分析治理进展较快的区域案例，归纳治理取得经验，探寻治理中仍面临的难点问题。

第一节　政府治理校外培训取得的成效

一、政策制度体系建设：从"基本空白"到"逐渐健全"

教育管理是国家公共事务管理的重要职能之一，主要通过教育政策对教育事业进行全面的调整。为了回应社会公众的质疑，政府重拳出击整顿校外培训市场，从中央到地方政府陆续出台专项治理方案，规范校外培训机构。① 通过分析，不难发现 2018 年以前社会上多将校外培训命名为"影子培训""民办教育培训""课外班""课外补习"等，这是因为 2018 年以前规范校外培训的针对性政策基本处于空白状态，并没有形成一致的、规范性的名称。有学者指出，教育政策往往具有较大的滞后性，当乱收费等现象愈演愈烈时，"禁止在职中小学教师有偿补课"才进入到政策文本当中。② 事实上，关于校外培训治理的政策常常散见于一些宏观统筹性政策中，如《国家中长期教育改革和发展规划纲要（2010—2020 年）》中提出"规范各种社会补习机构和教辅市场。加强校外活动场所建设和管理，丰富学生课外及校外活动"；或者见于中小学生减负的相关政策文件中，如 2018 年 12 月，教育部等九部门印发《中小学生减负措施的通知》，要求从依规登记诚信经营、严禁超标培训、严格教师聘用、严禁与升学挂钩、控制培训时间等方面严格校外培训机构管理。同样，在学术研究中，有的学者并不是十分严谨，认为可以依据《民办教育促进法》治理校外培训机构。然而，事实上 2003 年版的《民办教育促进法》中第 66 条规定"在工商行政管理部门登记注册的经营性的民办培训机构的管理办法，由国务院另行规定"，这意味着并不是所有的民办培训机构都适用《民办教育促进法》，只有《民办教育促进法》第 11 条指出的"举办实施学历教育、学前教育、自学考试助学及其他文化教育的民办学校"，才由县级以上人民政府教育行政部门按照国家规定的权限审批、管理。这种情况一直持续到 2016 年，修正后的《民办教育促进法》才将前文提到的条款删除，为校外培训的治理提供了更充分的支持。

2018 年以来，各部门积极贯彻国家政策要求，以合法合规为基础，坚

---

① 焦玉婷. 政策工具视角下我国校外培训机构专项治理方案的文本量化研究 [J]. 上海教育评估研究，2019，(6)：43—47.

② 祁占勇，王莹，袁诗婷. 改革开放以来我国校外培训研究的热点分析与未来展望 [J]. 当代教育论坛，2019，(3)：9—16.

持支持与规范并重、事前审批与事中事后监管并重、行业主管与行为监管并重、政府管理与社会治理并重，对现有政策制度进行梳理和完善，出台了多项校外培训市场管理的综合性文件及其配套制度，建立健全了包括法律、部门规章、地方政府规章在内的政策制度体系。如2018年8月，国务院办公厅印发了《关于规范校外培训机构发展的意见》，对面向中小学生培训机构的设置标准、审批登记、培训行为、监督管理等提出明确要求。此外，教育部会同有关部门在认真落实相关要求的同时，不断加强政策配套和衔接，先后印发了《禁止妨碍义务教育实施的若干规定》《关于规范校外线上培训的实施意见》等文件。再如，为确保"双减"政策落地见效，教育部会同相关部门密集出台了一系列配套文件，基本构建起了"1+N"的政策制度体系。各省区市也结合自身实际，相继出台贯彻落实校外培训治理的具体实施方案，对设置标准、工作措施及其责任单位进行细化和明确。据笔者统计，31个省份均公布了校外培训机构设置的具体标准和管理办法，有的还制定了经费监管、执法程序、安全管理等单项文件，如天津市出台了《天津市民办教育培训机构管理若干规定》《天津市关于规范校外培训机构发展的工作方案》和《天津市民办教育培训机构设置标准》等规章制度，可以说从上到下规范校外培训的制度体系逐渐健全。（见表5-1）

表5-1　校外培训机构治理相关政策通知一览表

序号	颁布时间	颁布机构	政策名称	主要举措
1	2018.2	教育部办公厅、民政部办公厅、人力资源社会保障部办公厅、工商总局办公厅	《关于切实减轻中小学生课外负担开展校外培训机构专项治理行动的通知》	提出校外培训机构的治理任务、整改要求、治理分工，并明确了治理的三个步骤。
2	2018.8	国务院办公厅	《关于规范校外培训机构发展的意见》	提出治理的基本原则、明确设置标准、规范培训行为、强化监督管理。

续表

序号	颁布时间	颁布机构	政策名称	主要举措
3	2018.9	教育部办公厅	《关于切实做好校外培训机构专项治理整改工作的通知》	完善设置标准、加快台账整改、学科类培训备案、掌握教师资格条件、整改信息通报制度、开学检查。
4	2018.11	教育部办公厅、国家市场监管总局办公厅、应急管理部办公厅	《关于健全校外培训机构专项治理整改若干工作机制的通知》	完善部门联合执法机制、加快证照办理进度、组建备案审核专家团队、构建管理服务平台、强化在线培训监管。
5	2019.4	教育部办公厅	《禁止妨碍义务教育实施的若干规定》	治理一些培训机构开展全日制教育、培训，替代义务教育学校教育，妨碍了国家义务教育制度实施等情况。
6	2019.7	教育部、中央网信办、工业和信息化部、公安部、广电总局、全国"扫黄打非"工作小组办公室	《关于规范校外线上培训的实施意见》	提出线上培训的总体要求、实施备案审查制度、开展排查整改、健全监管机制。
7	2019.8	教育部、中央网信办、工业和信息化部、公安部、民政部、市场监管总局、国家新闻出版署、全国"扫黄打非"工作小组办公室	《关于引导规范教育移动互联网应用有序健康发展的意见》	提出治理教育APP的总体要求、提高供给质量、规范应用管理、健全监管体系、加强支撑保障。
8	2020.1	教育部办公厅	《关于加强寒假期间校外培训机构管理工作的通知》	防止违法违规培训反弹、加强巡查监管力度、严防卷钱跑路、强化政策宣传引导。

续表

序号	颁布时间	颁布机构	政策名称	主要举措
9	2020.5	教育部办公厅	《关于印发义务教育六科超标超前培训负面清单（试行）的通知》	涉及义务教育阶段语文、数学、英语、物理、化学、生物学等六门学科，每门学科的负面清单包括"原则要求"和"典型问题"两部分。
10	2020.6	教育部办公厅、市场监管总局办公厅	《关于印发中小学生校外培训服务合同（示范文本）的通知》	明确的当事人双方责、权、利关系，对培训收费、培训退费和违约责任做出了详细的规定。
11	2021.7	教育部办公厅	《关于开展中小学有偿补课和教师违规收受礼品礼金问题专项整治工作的通知》	开展对照检查，加强工作检查抽查，开展师德专题教育。
12	2021.7	中共中央办公厅国务院办公厅	《关于进一步减轻义务教育阶段学生作业负担和校外培训负担的意见》	坚持从严审批机构，规范培训服务行为，强化常态运营监管。
13	2021.7	教育部办公厅	《关于进一步明确义务教育阶段校外培训学科类和非学科类范围的通知》	道德与法治、语文、历史、地理、数学、外语（英语、日语、俄语）、物理、化学、生物按照学科类进行管理。体育（或体育与健康）、艺术（或音乐、美术）学科，以及综合实践活动（含信息技术教育、劳动与技术教育）等按照非学科类进行管理。
14	2021.9	教育部办公厅、民政部办公厅、市场监管总局办公厅	《关于将面向义务教育阶段学生的学科类校外培训机构统一登记为非营利性机构的通知》	明确了登记的具体登记办法和组织保障，确保2021年底完成登记工作。

续表

序号	颁布时间	颁布机构	政策名称	主要举措
15	2021.9	教育部办公厅	《关于坚决查处变相违规开展学科类校外培训问题的通知》	指导各地坚决查处学科类校外培训隐形变异问题，明确了变异形态、建立了辨别机制，落实属地管理，强化监管执法。
16	2021.9	教育部办公厅、人力资源社会保障部办公厅	《校外培训机构从业人员管理办法（试行）》	加强校外培训机构从业人员管理，规范机构和从业人员培训行为。
17	2021.9	教育部办公厅	《中小学生校外培训材料管理办法（试行）》	严格管理中小学生校外培训材料，从编写审核、选用备案、检查监督等方面加强对培训材料的管理。
18	2021.10	教育部办公厅、市场监管总局办公厅	《中小学生校外培训服务合同（示范文本）》	全面规范校外培训机构服务行为，化解校外培训收退费纠纷，推行合同范本使用。
19	2021.10	教育部、国家发展改革委、中国人民银行、税务总局、市场监管总局、中国银保监会	《关于加强校外培训机构预收费监管工作的通知》	严格规范预收费管理，全面实施预收费监管，健全预收费监管机制。
20	2021.11	教育部办公厅	《义务教育阶段校外培训项目分类鉴别指南》	明确了校外培训项目分类鉴别工作的基本原则、鉴别依据和实施要求等。
21	2021.11	市场监管总局、中宣部、网信办、教育部、民政部、住建部、国资委、广电总局	《关于做好校外培训广告管控的通知》	集中时间、集中力量对校外培训广告进行全面排查清理，清理存量、杜绝增量。

二、治理方式方法：从"单一治理"到"多元治理"

基于"谁审批、谁负责"的原则，起初教育行政部门主要对其审批的校外培训机构进行监管，大量由市场监管局审批的培训机构处于无部门监管的"真空地带"，甚至大量教育咨询公司打"政策擦边球"违规开展培训活动，只要没有投诉就堂而皇之地开展业务。同时，由于教育系统没有稳定的执法队伍，导致很多教育政策难以落实，对校外培训机构的监管力度大打折扣。专项治理活动开展以来，丰富了治理手段。一方面，治理队伍实现了联合治理。各地积极建立由省教育厅牵头，有关部门协同参与的工作机制，建立完善部门联合执法方案、成立联合执法队伍，加强联合执法查处力度。如江西省按照"三不两直"（不发通知、不打招呼、不用接待，直奔基层、直插现场）和"双随机一公开"原则，联合执法队伍采取突击检查校外培训机构，走访部分家长、学生及学校周边群众等方式，对全省校外培训机构进行明察暗访，规范办学行为，重点监管校外培训机构招生环节、教学内容、安全制度、合同签订、资金安全、教师资质等方面，对发现的问题及时进行通报，并责令整改，取得了实效。另一方面，治理方式实现了多样化，引入了信息化技术手段。各级政府积极探索"互联网+监管"机制，改进监管技术手段，建立日常检查抽查制度等，为更好地规范校外培训提供了技术支撑。同时，教育部为了更好地应用信息技术实现对校外培训机构的监管，先后搭建了全国中小学生校外培训机构管理服务平台和全国校外线上培训管理服务平台，指导各地将校外培训机构信息录入到服务平台中，推动了对校外培训机构的网络化治理，方便了社会各界查询和监督。

三、培训机构办学生态：从"乱象丛生"到"逐渐规范"

校外培训办学行为受到社会的广泛质疑，一些培训机构通过夸大事实、虚假宣传等手段干扰正常招生秩序，通过强化应试、机械刷题、超前超标培训等手段给家庭造成不必要、不合理的过重负担，搅动家长焦虑情绪，影响社会稳定。有的学者列举了部分校外培训越界狂欢的具体表现：对学校教学进行部分功能替代，侵越课堂教学；影响或干扰中小学招生，在特殊地带"安营扎寨"；将"利益"基因植入教师生活，侵蚀教师队伍文化；"利"刺教师，影响了教师自我发展；高举"应试"大旗，消解素质教育之力；引发"剧场效应"，使"减负"落空。[①] 针对一些有代表性的"乱象"，中央和各地迅速反应，首先将培训机构底数从模糊不清到基本摸清，本着决不姑息的态度，政府集中处理了一大批存在违法违规行为的校外培训机构，以国务院教育督导委员会名义给省政府办公厅发了紧急通报，通报了河北省石家庄市"耀华文化艺术培训学校"、湖北省武汉市"慧泉培训学校"等培训机构违规超前超标、围绕"小升初"举行考试等违法违规行为。[②] 通过专项治理，黑机构大量减少，各地对查处培训机构违法违规行为更加重视，举报渠道更为畅通便捷，纠纷解决更加快速顺利，培训机构的办学行为越来越规范。如河北省在 2018 年积极完成对问题机构的整改，新审批并颁发办学许可证 1843 所，关停取缔 6130 所，整改达标 2146 所，校外培训市场存在的无证无照办学、虚假宣传、"超前超标"授课、与中小学校招生入学挂钩等各类乱象得到有效遏制，校外培训机构规范有序发展的良好局面初步形成，整个市场日益走上健康良性发展的轨道。

---

① 陆道坤，王超，丁春云. 论校外培训机构对基础教育的侵越与干扰 [J]. 中国教育学刊，2019，(1)：79—84.

② 国务院教育督导委员会办公室关于近期几起校外培训机构违规开展培训查处情况的紧急通报 [EB/OL]. 2019-02-22 [2020-02-10]. http://www.moe.gov.cn/srcsite/A06/s3325/201902/t20190226_371343.html.

四、学校教育教学：从"教学为主"到"多维发力"

《关于规范校外培训机构发展的意见》开宗明义指出"面向中小学生的校外培训机构开展非学历教育培训是学校教育的补充"，补充的意义是培训机构在满足中小学生选择性学习需求、培育发展兴趣特长、拓展综合素质等方面要发挥积极作用，而真正发挥培养学生重要作用的地方仍然是校内教育，通过对校外培训的规范和对校内教育的再认识，形成校内校外协同育人的良好局面，加强合作，实现共赢。基于此，在治理校外培训的同时，要进一步加强校内教学质量的提升，从以"教学为主"向提升质量、提供课后服务、加强师德师风建设等"多维发力"转变。为此，中共中央、国务院出台了《关于深化教育教学改革全面提高义务教育质量的意见》和国务院办公厅出台了《关于新时代推进普通高中育人方式改革的指导意见》，不断深化中小学教育教学改革。同时，政府积极推动学校广泛开展中小学课后服务，据笔者统计，绝大部分省会城市和计划单列市都制定了课后服务的具体实施意见，开设了机器人、科学小实验、航模、游泳、声乐、画画、足球、乒乓球等多种课程供学生自主选择，力求让每一名有需求的孩子在放学后"有地方去、有东西学、有伙伴玩"。在具体实施方面，如安徽省在抓校外培训机构规范治理时，做到"四个结合"：一是与学校规范办学行为结合起来，重点打击"课上不讲课后讲"，公办教师在培训机构兼职，以及学校不按照教学计划和课程方案执行、开齐开足课程等行为。二是与师德师风建设结合起来，多渠道开展师德教育，明确师德建设 11 条底线，实行师德问题问责制度。三是与规范中小学招生结合起来，贯彻落实《民办教育促进法》和《民办教育促进法实施条例》，将民办学校及培训机构纳入当地招生计划、招生录取的统一管理范围。四是与丰富综合社会实践活动结合起来，探索学校为学生提供课后服务的途径，推进青少年校外活动中心及研学旅行基地、营地建设，使之课程化、系列化、科学化地向中小学生开放，逐步根除校外培训机构不规范办学的滋生土壤，取得了显著成效。

五、社会氛围导向：从"普遍焦虑"到"渐趋理性"

教育是家庭乃至全社会关注的焦点，尤其是在当前竞争日趋激烈的环境下，家长们不可避免的深陷"输在起跑线上"的担忧，加之一些校外辅导机构的虚假宣传、制造焦虑，导致很多家庭对子女教育过度重视和大力投入。为了能让孩子领先一步，家长即便经济再紧张也要送孩子到校外培训班，有的是复习进行强化学习，有的是超前学习进行赶超，有的是学习艺术培养特长……此外，各种学科强化班和提高班见缝插针，诸如"海外游学""国内研学""量子阅读""国学提升"等项目不断地出现，导致了"学校减负、家庭增负，校内减负、校外增负"的现象。不仅加重了孩子的课外负担，而且形成了社会"普遍焦虑"的不良氛围。

家庭是孩子的第一所学校，家长是孩子的第一任老师，无论家长从事什么工作，职位高低，都是孩子的榜样，对子女教育发挥着"润物细无声"的作用。为了从根本上扭转焦虑的社会氛围，在推进校外培训治理的过程中，从中央到地方都高度重视舆情管控和引导，精心策划、定向发力，为治理工作营造了良好的舆论氛围，帮助家长树立理性的育儿观念。例如，教育部组织开展了全国家庭教育主题宣传"九个一"活动，研究制订了学校指导手册和家庭教育百问百答，帮助家长转变教育观念，共同营造规范校外培训发展的良好氛围。在地方治理方面，如内蒙古自治区也通过官方网站、微信平台、宣传海报等多种方式宣传校外培训治理行动，发布致广大学生及家长的一封信，宣传政策方针，加强舆论导向。社会各界对开展治理校外培训工作高度关注，有效的宣传大大缓解了社会焦虑的氛围，家长对孩子参加校外培训也有回归到理性状态的趋势。

第二节　校外培训治理的区域案例

自 2018 年开展校外培训治理以来，中央有号召，地方有行动。为了贯彻落实中央治理校外培训的相关精神，各地有序开展了校外培训的治理行动。特别是为深入学习贯彻习近平总书记关于"双减"工作的重要指示批示精神，积极构建良好教育生态，在教育部校外教育培训监管司与中国教育报联合支持下，各地积极总结"双减"工作中的好经验好做法，并在中国教育报发表文章进行积极宣传推广。本节将在系统梳理各省（自治区、直辖市）"双减"经验做法基础上（见表 5-2），根据"双减"政策中扎实做好试点探索的要求（意见中将北京市、上海市、沈阳市、广州市、成都市、郑州市、长治市、威海市、南通市确定为全国试点地区），选取北京市、上海市、广东省作为区域案例予以重点分析。

表 5-2　各地政府落实"双减"精神的做法

序号	省份	文章标题	举措
1	北京	坚持以人民为中心推进"双减"工作	一是加强领导高位统筹，完善体制机制。 二是严惩重罚培训乱象，形成震慑效应。 三是多措并举减负提质，做强学校主阵地。 四是加强党建确保落实，严防各类风险。
2	天津	疏堵结合标本兼治推进"双减"工作	一是严格监管制度。 二是形成监管合力。 三是推进长效治理。 四是强化宣传引导。

续表

序号	省份	文章标题	举措
3	山西	坚决扛起"双减"责任，推动义务教育高质量发展	一是提高政治站位，试点先行推进。 二是开展课后服务，强化作业管理。 三是重拳专项治理，严控校外培训。
4	辽宁	扎实推进"双减"工作落地见效	一是深化义务教育集团化办学改革，提高学校办学质量。 二是深化教研改革，提升课堂教学质量。 三是深化考试招生制度改革，减轻学生考试压力。 四是提高课后服务质量，减轻学生、家长压力。 五是加强教师队伍建设，为"双减"落地提供保障。 六是规范管理校外培训机构，减轻学生校外培训负担。
5	上海	多措并举减轻学生作业和校外培训负担	一是实施专项行动。 二是完善配套制度。 三是构建共治机制。
6	浙江	以"双减"为突破打好减负组合拳	一是以制度重塑为重点，全面规范管理校外培训机构。 二是以"五项管理"为抓手，重点落实"三减三增"。 三是以教育生态监测为牵引，营造良好育人环境。
7	吉林	强化"四个结合"推动"双减"取得实效	一是宣教结合推动"双减"。 二是疏堵结合推动"双减"。 三是放改结合推动"双减"。 四是监管结合推动"双减"。

序号	省份	文章标题	举措
8	安徽	"五个强化"推进"双减"工作落地见效	一是在抓实行动落实上下功夫，持续拧紧责任链条。 二是在教育评价改革上下功夫，引导学生全面发展。 三是在规范课程设置上下功夫，提高教育教学质量。 四是在课后服务管理上下功夫，彰显家校共育合力。 五是在强化督导检查上下功夫，构建长效工作机制。
9	福建	以强化治理破解减负困局	一是全面加强党的领导，把住减负"根本点"。 二是全面规范教学行为，盯住减负"政策点"。 三是全面提升教学质量，守住减负"支撑点"。 四是全面从严规范整治，管住减负"关键点"。 五是全面加强家庭教育，扭住减负"平衡点"。 六是全面深化评价改革，抓住减负"突破点"。
10	江西	"三点发力"推进"双减"工作落地见效	从管理上发力，减轻学生校内外负担。 从疏导上发力，提升课后服务水平。 从保障上发力，营造良好教育生态。
11	山东	改革创新扎实推进"双减"工作	一是着力抓好课堂教育教学，确保"双减"工作有底气。 二是着力抓好课后服务升级，确保"双减"工作聚人气。 三是着力抓好校外培训规范，确保"双减"工作显锐气。 四是着力抓好配套措施落实，确保"双减"工作顺心气。

续表

序号	省份	文章标题	举措
12	河南	系统发力加快推动"双减"工作落地见效	一是聚合力，加强组织领导。 二是促规范，健全制度体系。 三是严管理，抓好关键环节。 四是育特色，狠抓课后服务。
13	河北	突出重点精准发力推进"双减"工作	一是强基固本，全面提高学校教学质量。 二是完善机制，扎实落实"五项管理"。 三是聚焦民生，推动小学课后服务全覆盖。 四是明确重点，强化校外培训机构治理。
14	江苏	以必胜信念协同打赢"双减"攻坚战	一是站在高点，坚决扛起责任担当。 二是抓住重点，聚焦三大关键要素。 三是破解难点，强化四大重要环节。
15	内蒙古	立德树人，全面减轻校内校外负担	一是突出政策导向，源头治理校内过重负担。 二是增强服务意识，积极主动开展课后服务。 三是加强检查监督，从严治理校外培训机构。
16	广东	"一疏二堵三导"，做好"双减"答卷	"一疏"就是着眼于充分发挥学校育人主阵地作用，为学校教育提质增效助力。 "二堵"就是着眼于综合整治线上线下校外培训机构，为校外培训"降虚火"。 "三导"就是着眼于推进家校社协同育人，为减负创造良好社会环境。

续表

序号	省份	文章标题	举措
17	广西	贯彻落实"双减"，放松学生负重"双肩"	一是打出治理"组合拳"，规范校外培训。 二是力推课后服务，缓解家长焦虑。 三是鼓励方式创新，减轻作业负担。 四是加强家校协作，共推"五项管理"。
18	四川	实现"三个转变"，强化校外培训机构治理	一是监管方式的转变，从事后整改转向事前预防。 二是教学内容的转变，从学科应试转向素质能力提升。 三是校内外关系的转变，从校内校外恶性竞争转向校内教育有益补充。
19	西藏	发挥学校主渠道作用，着力减轻学生负担	一是积极营造"双减"良好氛围。 二是进一步规范办学行为。 三是实现课后服务全覆盖。 四是深化家校合作共育。
20	陕西	"双减"小切口带动基础教育大改革	一是深刻理解"双减"的育人价值。 二是全面落实"双减"的重点环节。 三是着力厚植"双减"的质量文化。
21	甘肃	提高政治站位，抓好"双减"落实	一是提高站位，准确把握"双减"要义。 二是发挥学校教书育人主体功能。 三是推进学业评价改革，引导学生认真学习每门课程。 四是全面规范管理校外培训机构。 五是强化保障稳妥推进"双减"落实。

续表

序号	省份	文章标题	举措
22	青海	落实"双减"促进学生身心健康发展	一是高位推动给力。 二是学习宣传着力。 三是问题导向聚力。 四是建章立制出力。 五是督查指导发力。
23	新疆	扎实推进减负工作，促进中小学生全面发展	一是加强引导规范，"疏""堵"结合抓"双减"。 二是突出工作重点，"管""控"结合促"双减"。 三是形成广泛合力，"督""导"结合保"双减"。
24	新疆生产建设兵团	严格落实"双减"工作，推动教育健康发展	一是加强制度设计。 二是周密安排部署。 三是加强校外培训机构监管。 四是强化监督检查。
25	重庆	多措并举标本兼治确保"双减"落地落实	一是创新监测体系，在"控量"上下功夫。 二是优化作业设计，在"提质"上下功夫。 三是丰富课后服务，在"兴趣"上下功夫。 四是治理培训机构，在"规范"上下功夫。
26	海南	落实"双减"工作，打造海南中小学生特色印记	一是建章立制，规范办学行为。 二是评价引领，深化考试招生改革。 三是加强监管，规范校外培训机构。 四是为民解忧，推广校内课后服务。 五是强化督导，督学督政双管齐下。 六是协同发力，家校社合力育人。

序号	省份	文章标题	举措
27	湖南	扎实推进"双减"工作，办好人民满意的教育	一是提高政治站位，强化统筹部署。 二是狠抓"五项管理"，开展专项督导。 三是严控校外培训，开展课后服务。 四是大力推进课后服务工作。 五是推动评价改革，落实"全面育人"。
28	贵州	强化"四个统筹"，确保"双减"工作落地见效	一是统筹好减负与提质。 二是统筹好校内与校外。 三是统筹好严管与厚爱。 四是统筹好考试与评价。
29	宁夏	积极推进"三个提升"着力确保部署到位，扎实推进"双减"工作全面落实	一是确保组织力量到位。 二是确保制度保障到位。 三是确保专项治理到位。 四是确保督查问责到位。 五是确保宣传引导到位。

(注：来源于教育部校外教育培训监管司与中国教育报联合推出"'双减'在行动"栏目，经整理形成以上表格)

一、北京市校外培训规范发展治理情况

北京作为全国"政治中心、文化中心、国际交往中心、科技创新中心"的定位，吸引了全国大部分头部校外培训公司，处于行业领先地位。据相关统计，美股、港股多家校外培训公司的注册地在北京，多个千万级用户教育 APP 注册地在北京。2020 年，中国在线教育领域披露的融资总额超过 539.3 亿元，同比增长 267.3%，比 2016 年到 2019 年四年的融资总额还要多。其中，在线教育培训头部机构囊括了绝大部分资金，仅作业帮和猿辅导两家就融资 55.5 亿美元（约 355.4 亿元人民币）。一方面，如此庞大的培训机构提供了丰富的教育产品，满足了人民群众多样化的教育需

求。另一方面，在资本的助力下校外培训快速扩张，呈现出"高估值、高融资、高营销、高亏损"的现象，造成了一系列的乱象。"双减"工作开展以来，北京作为落实"双减"政策的重点区域，成立了市级"双减"工作专班负责校外培训治理，主动作为，力争实效。

（一）北京市开展校外培训治理的基本情况

根据全国统一部署，结合北京实际，自2018年4月以来，由北京市教委牵头，联合市人力社保、民政、市场监管等15个委办局，合力推进北京市校外培训机构专项治理工作。以2021年"双减"政策为节点，可以将北京市校外培训机构治理划分为两个阶段，并根据不同阶段的特点开展了针对性较强的治理工作。

治理阶段一（2018.4—2021.4）：自校外培训机构专项治理行动开展以来，北京市迅速制定专项治理工作方案，成立以市政府联系教育工作的副秘书长牵头的"全市校外培训机构专项治理行动工作小组"，提出推进专项治理"三步走"工作安排：一是集中力量攻坚，迅速实现校外培训市场退烧；二是加强联合执法，对违规培训机构和行为去病；三是建立健全长效监管机制，形成规范的校外培训市场秩序。在这个阶段的治理过程中，采取市区协同、部门协作、分类施策等措施，治理工作有序推进。通过拉网式排查，将排查出的校外培训机构全部纳入工作视野，将存在问题的校外培训机构全部纳入问题台账，于2018年12月底前按计划初步完成整改任务。为了严防校外培训机构反弹，有序开展督查行动，特别是在2019年寒暑假期间，北京市级组织对15个区的26个热点区域再次进行两轮督查，不断加大违规培训机构治理力度。2020年，受到新冠肺炎疫情的影响，北京市及时制定相关应急方案，暂停线下培训，严防疫情扩散，取得了实效。

治理阶段二（2021.5—　）：为有效落实习近平总书记在中央全面深化改革委员会第十九次会议上的讲话精神，北京市率先在全国推进"双减"

行动，积极探索治理"双减"工作的"北京模式"，引领全国"双减"工作有序开展。按照"校外治理、校内保障、疏堵结合、标本兼治"工作思路，紧扣"落实中央要求、结合北京实际、确保平稳有序"工作要求，以"治乱、减负、防风险"为工作主线，减负提质多措并举，校内校外同时发力，切实把学生作业负担和校外培训负担降下来，把教育教学质量提上去。① 通过开展校外培训治理工作，北京市不断完善长效工作机制，积极探索社会监督有效手段，引导校外培训规范有序发展。

（二）北京市开展校外培训治理的经验做法

1. 提高政治站位，统筹整体发力

北京市高度重视校外培训治理工作，从教育"两个大计"的政治高度，将校外培训减负作为立德树人的重大政治任务来抓。针对校外培训治理难度大、涉及面广等特点，北京市搭建了部门联合执法机制，并与司法部门探索建立相关合作机制，形成合力、久久为功，坚决防止校外培训机构违法违规行为。2021 年 5 月，北京市主要领导围绕减轻义务教育阶段学生作业负担和校外培训负担，到西城区、海淀区调查研究，并分别与中小学校长、校外培训机构代表座谈，强调"双减"事关中小学生健康成长，事关人民群众切身利益，北京市要带头贯彻党的教育方针，落实立德树人根本任务，把"双减"作为一项重要政治任务抓紧抓好，坚持素质教育，深化教育改革，加强校外培训机构规范管理，办好让人民满意的教育，促进学生全面发展和健康成长。

2. 持续推进治理行动，高效完成治理任务

自 2018 年开展治理行动以来，多措并举，持续推进，不同区域探索了治理的经验，全面规范校外培训秩序。朝阳发挥民办教育协会行业自主管

---

① 刘宇辉. 坚持以人民为中心推进"双减"工作 [N]. 中国教育报，2021-7-13 (2).

理作用，制定行业公约，发表行业规范办学声明；丰台等区与举办者签订诚信办学承诺书，并对机构履约情况进行初步评价，采取多种形式进行通报，进一步推行培训机构信用管理；房山区出台《清理校外培训机构执法规范》，明确发现、举报、建立台账、清理等执法流程以及街乡、消防、食药监等相关部门职责，严格执法工作；顺义区通过编制《行政指导书》《承诺书》《责任书》和《联合执法流程图》，做到治理有依据、时间节点清、核心任务明；海淀区开展校外培训机构星级评估，逐步建立培训机构信用管理体系，推进培训机构管理常态化、科学化。

除了各地治理校外培训机构创新举措外，还加大了对培训机构违规办学查处的力度，停办整改了大量无证无照无资质机构，惩处了虚假宣传的培训机构。例如，北京市自2018年4月专项治理启动以来，采取坚决措施降温海淀黄庄等社会反映强烈的26个热点地区，纠正培训机构存在的各类违规办学行为，查处了"思远堂""四海孔子经典教育"等一批违规机构。特别是"双减"政策落实以来，北京市进一步加强了对校外培训机构的治理。按照"双减"政策要求，不再审批新的面向义务教育阶段学生的学科类校外培训机构，把好入口关。从严从快治理营销乱象，落实《学科类校外培训机构广告治理工作方案》，2021年4月25日，针对校外教育培训机构价格违法、虚假宣传等行为，跟谁学、学而思、新东方在线、高思四家在线教育培训机构被分别给予警告和50万元顶格罚款的行政处罚。6月1日，印发《北京市教育委员会关于检查校外培训机构发现问题的通报》等，形成震慑效应。此外，为加强校外培训机构资金监管，防止"捐款跑路"等风险，研究制定了《北京市学科类校外培训机构预收费管理办法（试行）》，实现了从资金流入、资金监管、资金划拨等各环节的全过程监管。8月3日，北京市委教育工作领导小组召开会议，部署"双减"工作，指出学科类培训机构严格执行中央和市委要求，暑期不再开课。针对校外培训，要求抓好"三限"，即限制机构数量、限制培训时间、限制收费价格；做好"三严"，即严管内容行为、严禁随意资本化、严控广告宣传。

3. 发挥学校主阵地作用，丰富学校课后服务供给

治理校外培训机构需要校内校外共同发力合作推进，归根到底主责在校内，要发挥学校主阵地的作用，北京市在这方面积极作为，要求切实落实校内主责，做到"三提"，即提高教育质量、提高作业管理水平、提高课后服务水平；落实"三管"，即管好教育教学秩序、管好考试评价、管住教师违规补课。具体而言，一方面，提高学校的育人质量，采用启发式教学、研究式教学，因材施教，加强作业、睡眠、手机、读物、体质五项管理，让学生在学校内"吃饱""吃好"。另一方面，加强对校内教师违规行为的查处，严厉查处中小学校不遵守教学计划、"非零起点教学"等行为，对发现的公办学校掐尖招生、组织入学分班考试等问题在全市进行通报批评。针对中小学教师课上不讲，课后到校外培训机构讲等行为，责成有关区教委严肃查处。

同时，北京市积极完善课后服务体系全覆盖，丰富课后服务活动。坚持"政府主导、学校主体、家长自愿、社会协同、面向人人、公益惠民"的服务理念，政府部门主动回应群众需求，主动担当和作为，充分尊重学生和家长意愿，由学生自主自愿选择，面向所有学生，资源对所有学生平等开放，在资金、资源等方面予以保障。特别是 2021 年暑期，北京市根据教育部《关于支持探索开展暑期托管服务的通知》要求，在全市小学 1 至 5 年级开展暑期托管服务，帮助有看管困难的家长，切实解决教育领域的急难问题。

4. 做好风险分析，严格防范治理风险

目前，校外培训治理采取的强监管举措是一剂猛药，如果出现风险，将直接影响治理的最终成效。"双减"政策落实后，行业中破产倒闭趋势加剧，公司裁员导致从业人员下岗趋势加剧，小作坊市场、家教补课趋势

加剧，资本大规模逃离，这些都给校外培训的治理带来巨大风险。北京市建立了风险评估机制，及时预警，制定了"一企一策一专班"的工作方案，建设监管平台，将培训机构纳入资金监管范围，坚决防止发生"卷款跑路"和大规模群体性事件，高度警惕"黑天鹅"事件和"灰犀牛"事件，做好校外培训治理风险防控。

二、上海市校外培训规范发展治理情况

上海市委市政府统一部署、各部门分工合作，经过三年培训机构和市场秩序规范专项整治，关停了一批机构、督促了一批机构整改，并且不断健全完善相关的管理制度，取得了一定成效。

（一）上海市开展校外培训治理的基本情况

上海的文化教育培训机构从 1983 年起步，至今已经发展近 40 年，形成了体量庞大、数量众多、类型多样的发展格局。截至 2021 年 7 月中下旬，上海共有校外培训机构 3000 余家。自 2018 年开展校外培训治理行动以来，上海市积极贯彻国家要求，以合法合规为基础，协调各相关职能部门建立分工明确、协调有序的工作机制，通过对现有制度的梳理和完善，出台多项校外培训管理的综合性文件及其配套制度，建立健全覆盖校外培训全领域的综合治理体系，促进校外培训市场健康有序发展。

（二）上海市开展校外培训治理的经验做法

1. 依法依规治理，不断完善治理政策法规

上海市坚持依法依规治理校外培训。早在 2017 年年底，上海市就出台了《上海市民办培训机构设置标准》《上海市营利性民办培训机构管理办法》以及《上海市非营利性民办培训机构管理办法》，并于 2018 年 1 月 1

日正式实施。新出台的"一标准两办法",从民办培训机构的筹设条件、举办者、章程和组织机构、校长及主要管理人员、教师队伍、办学场所和设施设备等方面给出了更为细致的规定。2019年,上海市政府制定出台《关于加强本市培训机构管理促进培训市场健康发展的意见》和《上海市培训机构监督管理办法》,在管理范围上将文化艺术辅导、体育指导、科技培训、婴幼儿照护服务(托育)和早期发展指导服务等各类培训纳入"大教育"培训市场的框架。2020年,上海市进一步推进制定培训市场治理系列配套文件,各相关部门出台《上海市市场监督管理部门集中行使涉及培训市场的有关行政处罚事项与依据清单》《上海市培训机构线索移交与执法协作办法》等文件,落实集中行政处罚权、完善培训市场执法监管体制,加快培训市场治理政策体系建设。此外,为贯彻落实国务院办公厅、教育部有关规范校外培训机构发展等文件要求,市教委会同市网信办等7部门,针对中小学生线上学科培训出台《上海市校外线上培训备案细则》,督促指导相关线上培训机构对标国家要求,自查自纠、依规报备。通过健全完善相关政策法规,不断推动上海市依法治理校外培训。

2. 抓源头治理,做优做强校内教育

上海市持续推进基础教育改革,使基础教育处于全国前列。在治理校外培训机构的过程中,继续深化改革,在提升校内教学质量上持续用力,充分发挥学校主阵地作用,促进义务教育提质增效,让学生学习回归校园。市委、市政府出台《关于贯彻〈中共中央、国务院关于深化教育教学改革全面提高义务教育质量的意见〉的实施意见》,推进义务教育优质均衡发展,全面完成城乡义务教育学校"五项标准"建设任务,推进紧密型学区集团建设,让更多的学生享受到更加优质的校内教育。

3. 做好校内课后服务,丰富课后服务活动

上海市充分整合校内校外、课内课外各种资源,更好服务学生全面发

展。上海市于 2014 年出台了小学生放学后至下午 5 点看护政策，2017 年试行放学后"快乐 30 分"拓展活动，2019 年免费看护延长至下午 6 点，2021 年将小学生校内课后服务纳入上海市"民心工程"和为民办实事项目，强力推进。目前已实现公民办小学 100% 开展校内课后服务，约 78% 的小学在校生接受校内课后免费看护服务。[①] 为了提升家长、学生对课后服务的满意度，上海市不断丰富学生的课后活动，持续开发内容丰富、形式多样的"五育课堂"，用好红色资源、文博场馆、科普基地等丰富资源，推动更多公益设施向学生免费开放。

4. 构建共治机制，积极发挥社会的作用

上海市在治理校外培训过程中，非常重视发挥行业组织的作用，构建全社会共治机制。一方面，加强对行业组织的指导，开展涉及行业发展问题的专题研究，定期举办民办教育政策专题讲座，提升培训机构服务水平，制定行规行约，督促行业成员自觉执行国家法律法规，加强行业内部自我管理、自我监督，推动教育培训行业健康发展。另一方面，依托教育、财务、法律等领域的社会机构参与校外培训市场治理，发挥社会第三方的监督、指导与评价功能，在做好"政府管理"的基础上推进"综合治理"。

三、广东省校外培训规范发展治理情况

按照党中央、国务院的决策部署，广东省认真贯彻落实国家有关校外培训治理行动的要求，勇于担当、攻坚克难。特别是在"双减"政策的指导下，积极推动校外培训治理工作稳妥、安全、有序开展，取得了阶段性的治理效果。

---

① 王平. 多措并举减轻学生作业和校外培训负担 [N]. 中国教育报，2021-7-20（2）.

（一）广东省开展校外培训治理的基本情况

广东省现有 21 个地级以上市、121 个县（市、区）。2018 年 4 月以来，广东省各市县全面开展校外培训专项治理工作，积极推动校外培训机构完成专项治理整改任务。2019 年以来，广东省校外培训治理同步规范线上线下培训活动、巩固提升治理成效。2021 年，在"双减"政策的指导下，广东省进一步加强对校外培训的治理，8 月，广东省教育厅印发《关于坚决做好减轻义务教育阶段学生校外培训负担工作的通知》，指出要坚持从严审批机构、规范培训服务行为、加强培训广告管控、坚决压减学科类校外培训、强化校外培训收费监管、统筹规范其他培训行为等六个方面治理校外培训，确保"双减"工作顺利推进。

（二）广东省开展校外培训治理的经验做法

1. 多部门联合执法，重拳整顿问题培训机构

广东省站在讲政治的高度，建立了由省教育厅牵头，省公安厅、省民政厅、省人力资源和社会保障厅、省市场监管局等共同负责的工作机制，研究印发了开展校外培训专项治理方案、分工方案，明确职责、细化分工、压实部门责任，指导各地教育行政部门准确把握政策，加快组织实施。自 2018 年以来，联合执法队伍对于规范办学、收费退费行为合规、预付费风险低的减少检查频次，对违规收费、退费投诉集中、预付费风险高的实行重点监测，加大检查频次和力度，督促各校外培训机构依法依规经营。特别是做到了出重拳排查整顿问题培训机构。全省拉网式排查各级各类机构共 24833 家，整顿问题培训机构 17418 家。累计审查和整顿各类网课平台 2390 个，其中通过审查并列入白名单的网课平台 980 个（含校外线上培训平台、教育移动应用程序两类）。针对群众反映强烈的校外培训机

构虚假宣传、制造和贩卖焦虑等乱象，对多家校外培训机构进行顶格处罚。[①] 例如，2021 年 5 月，深圳市市场监管局市场稽查局对深圳市 3 家校外教育培训机构进行立案调查。经查，3 家培训机构中，深圳思考乐文化教育科技发展有限公司因价格欺诈和虚假宣传被罚，市市场监管局对其价格欺诈违法行为罚款 50 万元，对其虚假宣传违法行为罚款 200 万元，合计罚款 250 万元；深圳市邦德文化发展有限公司因价格欺诈和虚假宣传被罚，市市场监管局对其价格欺诈违法行为罚款 50 万元，对其虚假宣传违法行为罚款 200 万元，合计罚款 250 万元；深圳市蓝天教育培训学校因虚假宣传被罚，市市场监管局对其虚假宣传违法行为罚款 200 万元。再如，5 月 18 日至 19 日，广州市市场监督管理局会同广州市教育局开展教育培训广告专项联合执法行动，对全市校外培训机构集中分布区域进行重点检查，通过现场查看有关培训机构的网页、微信公众号和宣传资料，发现新东方、龙文教育、树华美术等 12 家校外培训机构涉嫌存在虚假违法广告等问题。广东省深入贯彻落实"双减"政策，勇于执法、勇于亮剑，取得了一定实效。

2. 提高校内教学质量，做好校内课后服务

缓解校外培训负担过重问题，关键在校内，校内满足不了家庭的教育需要，家长才选择通过校外培训的形式予以弥补。为了提高校内教学质量，广东省充分发挥信息化的作用，加强信息化在教育教学中的应用，推进优质教育资源在全省内共享，构建基于互联网的自主学习、互动探究、主题拓展的新型教学模式。同时，广东省建立健全校内课后服务制度，加强课后服务的多样性、丰富性，开展文艺的、体育的、科技的、美育的等一系列的活动，满足家庭多元化的、个性化的教育需求，为广东省义务教育的中小学生提供了比较好的课后服务。

---

① 景李虎."一疏二堵三导"，做好"双减"答卷 [N]. 中国教育报，2021-7-28（2）.

3. 做好家长宣传教育，缓解基层治理压力

为了给孩子创造更加充分的学习机会，不乏有一些家长盲目给孩子报名参加校外培训，其中有的家长过度焦虑。广东省为了有效缓解家庭教育焦虑，主动作为，省教育厅制定了《给学生家长的一封信（中小学校外培训机构）》，提醒广大学生、家长在缴费之前，认真、仔细阅读合同（协议）各项条款，尽量选择列入全国校外培训管理服务平台白名单的合规机构，切勿片面追求各类充值优惠、折扣，更不要一次缴纳多年巨额费用。同时，广东省教育厅要求各地结合开学报到、家长会等形式，将校外培训机构治理的相关信息传达至中小学阶段的全体学生家长，面向家长群体用户加大对选择违规机构、预付费过多导致损失案例的通报和警示教育力度，加强学生家长风险防范意识。2021年5月，为了落实"双减"政策，广东省教育厅印发了《关于校外培训的风险预警》，提出"三要"和"三不要"，"三要"是指要选择正规机构、要认真阅读合同、要妥善保管单据；"三不要"是指不要听信口头承诺、不要缴纳超期费用、不要向筹设期间的培训机构缴费。

此外，广东省本着服务群众的理念，切实解决校外培训中的痛点问题。一方面，印发合同范本。针对校外培训市场存在的合同文本不规范、家长用户在购买培训服务过程中居于被动选择合同的弱势地位等现状，防范合同不规范、霸王条款带来的后续退费难、预付费风险等问题，广东省教育厅编写了《广东省校外培训机构培训服务合同（示范文本）》并通过网站、微信公众号等多种渠道进行了推广。另一方面，印发文书模板。为帮助各地更好地开展校外培训机构办证业务，切实减轻群众办证负担和市县行政成本，广东省教育厅组织力量编写了《广东省中小学校外培训机构筹设审批办证资料建议文本》，包括了《申办报告》《告知书》《授权委托书》《受理决定通知书》《筹设批准书》《筹设论证报告》《名称核准报告》《资产证明》《公司章程》《教师信息公示一览表》《收费公示一览表》等

模板，举办者只需填空即可，供各地参考使用，有效减轻了群众办证难度和基层审查工作量。

4. 建立 APP 审查制度，做好线上培训治理

近些年，线上校外培训机构的发展速度不断提升，特别是新冠肺炎疫情以来，资本对线上校外培训的关注达到了新的高度。广东省高度重视线上校外培训机构的治理，重点关注中小学校园学习类 APP，率先出台省级层面《面向中小学生校园学习类 APP 管理暂行办法》，建立严格内容审查机制，保证学习类 APP 发布内容健康有益。由教育厅会同有关单位建立前置筛选审查制度，对学习类 APP 进行逐一审查，通过后列入白名单。明确规定各市、县、学校必须在白名单产品库里推荐学生使用学习类 APP，对擅自推荐不在白名单内学习类 APP 或者与企业存在利益输送行为的学校和教师予以严肃处理。同时，针对中小学校园学习类 APP 跨地域性、内容较为相同等实际，坚持创新思路，由省级监管部门直接审查，市、县、学校不再逐级审查，实现一次审查、全省通用，大大减轻基层审查工作量和企业申报负担。此外，广东省持续跟进动态监管 APP。建立所有涉及中小学校园学习类 APP 产品信息数据库，将学习类 APP 纳入审查监管，对出现有害内容的公司随时进行监管处置，从源头消除有害学习类 APP。通过黑白名单制度，动态监管审查进入白名单企业，对出现问题且查证属实企业，采用黄牌、红牌进行处理，为广东省线上校外培训营造出规范发展、健康有序的良好环境。

第三节 校外培训治理取得的经验

一、各级政府政治站位高，坚定落实责任

党中央、国务院高度重视校外培训治理工作，习近平总书记多次做出重要指示，要求减轻中小学生过重的课外负担。各有关部门、各级党委和

政府提高政治站位，将规范校外培训发展纳入重要议事日程，形成了上下联动、分工协作、齐抓共管的工作格局。在具体落实责任方面，教育部把规范校外培训发展作为重要政治任务，多次联合相关部门召开专题会议，研究推进相关工作，并专门成立校外教育培训监管司负责相关工作。各地普遍建立了由教育、市场监管、公安等多部门组成的领导小组或联席会议制度，统筹协调校外培训规范管理工作。调研中，江苏省将校外培训治理作为全面贯彻党的教育方针、办好人民满意教育的重要举措，切实强化政府主体责任。一是写进省委常委会工作要点和省政府"十大主要任务、百项重点工作"；二是纳入"全省教育领域人民群众反映强烈突出问题专项治理"，各级纪委、监委开展全程嵌入式监督；三是建立健全省、市、县（市、区）三级联席会议制度，形成纵向到底、横向到边的工作网络体系；四是省政府出台《关于规范校外培训机构发展的实施意见》，明确治理重点，明确"八个一律"整治要求；五是以上率下，省委书记、省长多次作出批示，关心治理工作。在"双减"政策指导下，各级政府以高度的政治责任感，准确把握教育事业发展面临的新形势新任务新要求，为校外培训的治理奠定了坚强的基础。

二、治理方案有序推进，联合执法效果突出

教育部等四部门印发的《关于切实减轻中小学生课外负担开展校外培训机构专项治理行动的通知》中明确指出治理的三个步骤，即"第一阶段，全面部署和排查摸底，要于 2018 年 6 月底前完成；第二阶段，集中整改，要于 2018 年底前完成；第三阶段，专项督促和检查，要于 2019 年 6 月底前完成"。通过分析，我们可以清晰地发现，《通知》中的各个步骤都按部就班的有序推进，不打折扣、不留死角，而且在每个关键节点都会出台相应的督促措施，如 2019 年 5 月，教育部办公厅印发的《关于开展校外培训机构专项治理"回头看"活动的通知》，就是确保治理专项督促和检

查顺利进行。各省区市同样结合当地社会环境等具体情况，在治理方案步骤中做出了明确的规定，如江苏省要求校外培训机构治理做到"四个清"。一是"目标清"，按照"标本兼治、内外联动、堵疏结合、积极稳妥"的思路，做到"规范一批、整改一批、取缔一批"；二是"底数清"，依托社区网格化管理，对各类培训机构逐一核查，全面准确掌握机构情况；三是"标准清"，指导各市制定《校外培训机构设置标准》，同时在治理中加大省级制度供给，出台《江苏省培训收费行为规范》《江苏省营利性民办学校监督管理实施细则》等7部规范性文件，及时弥补制度空白；四是"程序清"，下发《江苏省校外培训机构专项治理联合执法操作指南》，编印《全省教育系统行政执法文书样式》和《江苏省校外培训机构培训服务合同》示范文本，指导各地依法治理。

同时，我们知道，很多教育政策得不到很好的落实，都与教育系统没有稳定的执法队伍密切相关，因此很多专家学者一直呼吁建立教育系统的执法队伍，推动教育政策的落实。针对校外培训治理，从中央到地方的各项标准、细则、规范等政策能否顺利执行，直接影响着政策的有效性，同样需要一支强有力的执法队伍。在校外培训治理过程中，各地积极建立由省教育厅牵头，有关部门协同参与的工作机制，建立完善部门联合执法方案，成立联合执法队伍，加强联合执法查处力度，确保治理取得实效。

三、加强政府内部通报力度，加大培训机构违规行为的查处力度

为了加强对各地方政府治理校外培训机构的督促，教育部不断健全和完善整改信息通报制度，要求各省级教育行政部门及时掌握各地市县整改进展情况，并实时按要求更新校外培训机构整改进展情况。根据教育部官网公布的信息分析，自2018年10月开始多次通报相关情况，第1次通报中指出"全国2963个县（市、区）已启动专项治理整改工作，其中1015

个县（市、区）已基本完成专项治理整改任务，县（市、区）完成率34.26%，全国校外培训机构完成整改率30.68%"。随后每半个月通报一次，县（市、区）整改完成率和全国校外培训机构完成整改率逐步提升，到第六次通报的时候分别达到了93.08%和98.93%，可见整改效果显著。校外培训治理行动之所以能够督促各地及时整改，不容忽视的一点是通报中会及时指出各地的整改情况，并公布各地整改完成率，如通报中会提出"北京、天津、山西等省份尚无全面完成整改的县""海南等省份存在问题机构整改完成率不到15%""天津、湖南、重庆、云南、青海等省份存在问题机构整改完成率排在后五位"等话语，让整改相对落后的省份感觉到压力，从而积极提升整改完成率。同时，在各地方治理创新举措方面，也加强了对违规人员的查处通报力度，如黑龙江印发了《关于清理教育行政部门领导干部及其配偶子女、工作人员及中小学校在职教师举办或参与举办校外培训机构的通知》，在教育厅官网上发布公告，要求各地市教育局组织本单位及县区教育局、各中小学校全面开展自查清理，凡有举办或参与举办校外培训机构的，要主动申报、依法有序退出，并公布举报电话接受社会监督，这些举措为营造政府内部风清气正的氛围奠定了基础。可以说，全国各地通过严格查处、禁止、追责与监督等一系列具体措施，发现问题立即督办整改，持续推进专项治理不松懈，强有力地规范校外培训机构，取得了较好的成效。

四、充分应用信息化技术手段，搭建统一管理服务平台

在校外培训机构治理过程中，各级政府积极强化信息技术手段的运用和管理，积极探索"互联网+监管"机制，搭建统一管理服务平台，改进监管技术手段，建立日常检查抽查制度等，为更好地规范校外培训机构提供了技术支撑。有的学者通过借鉴新加坡、日本、韩国治理校外培训机构的手段，建议充分利用现代化技术手段，考虑建设一个包含作业辅导、课

程学习、课外学习内容的网站，向公众免费开放，满足课堂教学不能完全理解、家庭作业无法独立完成以及希望获得一定课外学习机会的低收入家庭学生需求。① 这些意见建议在我国积极探索并实施，如江西省积极推广使用"智慧作业"，通过信息化手段和大数据分析，为学生免费推送个性化优质学习资源，将教师批改后的学生作业本快速扫描、统计，在大数据平台精准分析学生薄弱知识点后，为学生推送个性化优质学习资源，从而帮助学生较好理解重、难点知识，实现错题举一反三，巩固提升学习效果，从而减少不必要的课外培训。在国家层面，搭建了国家中小学网络云平台，于2020年2月17日正式开通，上线了小学、初中、高中各学段主要学科课程学习资源，实现了小学、初中、高中所有年级和各主要学科全覆盖，还提供丰富多样的优质专题教育资源，包含爱国主义教育、防疫教育、品德教育、生命安全教育、心理健康教育、家庭教育、经典阅读、研学教育、影视教育等，尽量满足广大学生和家长的需求，缓解参加校外培训的压力。

第四节　政府治理校外培训面临的难点问题

目前，在推进校外培训治理过程中，不难发现这项工作非常复杂，涉及群体众多，治理难度很大，离全面减轻中小学生学业压力、有效遏制校外培训的目标仍有一定的距离，特别是政府在治理过程中面临的难点问题仍有待进一步研究解决。

---

① 代蕊华，仰丙灿. 国外校外培训机构治理：现状、经验、问题及其启示 [J]. 教师教育研究，2017，(9)：101—108.

一、应对"灰犀牛"事件与"黑天鹅"事件的风险防范能力有待提升

习近平总书记在省部级主要领导干部坚持底线思维着力防范化解重大风险专题研讨班讲话上指出，我国形势总体上是好的，但面对波谲云诡的国际形势、复杂敏感的周边环境、艰巨繁重的改革发展稳定任务，我们必须始终保持高度警惕，既要高度警惕"黑天鹅"事件，也要防范"灰犀牛"事件。① 其中，"黑天鹅"事件是指非常难以预测，且不寻常的事件，通常会引起市场连锁负面反应甚至颠覆；"灰犀牛"事件是指太过于常见以至于人们习以为常的风险，比喻大概率且影响巨大的潜在危机。当大多数家庭都追求补课带来利益最大化，必然会对其他家庭的利益产生影响，导致大家都去补课，最终结果是谁的利益都不能最大化，甚至可能出现整体利益的最小化，即所有家长都被裹挟，所有孩子都回归到同一起跑线。正如有学者通过中国教育追踪调查（CERS）数据研究发现，在总样本上，课外补习并不是提升学业成绩的"快车道"，甚至显著地降低了初中生的标准总成绩。② 在这种背景下，很多家庭对校外培训带来的风险太习以为常，已经成为生活的一部分，事实上却存在巨大的危机，一旦矛盾爆发可能会成为"灰犀牛"事件，不仅影响国家的前途命运，而且影响孩子的身心健康。此外，近些年校外培训机构倒闭、高管卷钱跑路的现象屡屡发生，比如创立于1998年的韦伯英语全国性崩塌，涉及学费金额过亿，导致很多学员利益受损，包括广东、上海、北京在内的很多地方受到牵连，这就是典型的校外培训机构"黑天鹅"事件。因此，"灰犀牛"事件与"黑天

---

① 习近平. 提高防控能力着力防范化解重大风险 保持经济持续健康发展社会大局稳定 [N]. 光明日报, 2019-1-22 (1).

② 孙伦轩，唐晶晶. 课外补习的有效性——基于中国教育追踪调查的估计 [J]. 北京大学教育评论, 2019, (1)：123—141.

鹅"事件给政府治理提出了极大的考验，需要政府进一步提升防范化解风险的能力，既要有防范风险的先手，也要有应对和化解风险挑战的高招。

二、校外培训治理政策制度体系仍需完善

校外培训专项治理以来，政策制度体系逐渐完善，但是通过调查分析，不难发现政策制度仍有很大完善的空间。有学者指出，政策设计不完善，阻碍民办教育培训机构政府监管的实施。民办教育培训行业多头管理，不同部门政策相互关联、彼此交错，形成监管范围交叉和监管空白并存的现状，制度之间相互的拉力会消解民办教育培训行业治理机制改革的成效。[①] 一方面，针对校外培训的制度体系，不论是宪法中的教育条款，还是教育法、教育方面的其他法律，亦或者是行政法规和规章均有涉及。其中在法律层面最直接的当属《民办教育促进法》，但通观《民办教育促进法》更多的是对民办学校的规定，针对校外培训的相关规定相对较少，鉴于校外培训与民办学校的差异性，有必要加强《民办教育促进法》中对校外培训的专项条款，将党中央、国务院出台的规范校外培训文件中的精神、规定确定为规范条文。另一方面，地方出台的政策存在与国家政策高度趋同、针对性不足、操作性不强等问题，导致执法过程中困难重重。我们知道，国家层面的政策往往基于宏观的视角思考，而地方层面应当将国家的意见与地方实际相结合，所谓"具体问题具体分析"即是如此。地方政策与国家政策的高度趋同，一定程度上导致了政策文本的细节规定不够具体，可操作性降低、治理策略缺乏创新和方案适切性不足等问题。[②] 这需要进一步完善相关政策，从而使治理政策更具有针对性和可操作性。

---

① 李曼，刘熙. 民办教育培训机构的治理困境与政策应对 [J]. 中国教育学刊，2018，(7)：26—31.

② 丁亚东，杨涛. 我国校外培训机构治理政策的特征、问题与展望——基于 21 个省市政策文本的分析 [J]. 教育与经济，2019，(6)：87—93.

三、行政执法队伍的稳定性和专业性有待加强

目前，地方为了校外培训治理行动，成立了涉及教育、市场、工商、网监等多部门的联合执法机制，取得了显著的效果。但是这种联合执法机制是在集中整治时期的临时性举措，专项行动结束后，继续保持这种机制不现实，执法队伍的稳定性受到较大冲击。调研中，各地教育局普遍反映专项治理结束后，对校外培训机构执法较之前困难了很多，因为工商、公安等部门的人员基本已经返回原来工作岗位，目前只依靠教育行政部门，既没有强制执行权，又没有稳定的执法队伍，执法范围有限、执法权威不足。与之相对的是校外培训机构数量多、经营范围广、监管难度大，治理面临较大困难。

同时，行政执法队伍的专业性也有待提升。调研发现，面对日益复杂的矛盾问题，行政执法队伍在管理上专业性不足，显得力不从心，部分基层教育行政部门疲于应付，导致工作标准低，缺少主动作为。调研江西省时，相关人员表示根据教育部等部门印发的《关于健全校外培训机构专项治理整改若干工作机制的通知》，第一条中指出"各地消防部门要向教育部门提供有关消防技术标准资料，由教育部门对照标准核定审批，对现有不符合设置要求、消防安全条件不达标的，应当依法取消其培训资质"。但是，教育行政部门没有对消防核定审批的职能，同时也不专业，无法对机构的消防安全资料进行科学审批。此外，基层执法过程中面对的是校外培训的生存问题，面对的是举办者、教师的生计问题，因此执法难度可想而知。面对这些新情况、新问题以及执法过程不规范出现的负面舆情，暴露出当前教育行政执法队伍不健全、执法能力相对薄弱、法治意识不强等问题。

四、线上培训的治理有待加强

随着信息技术不断发展，基于互联网的线上校外培训越来越多，导致了"线下减负、线上增负"等新问题，而且线上培训具有覆盖广、规模大、传输快、虚拟化等特点，监管起来难度更大。一是线上培训内容监管难，由于线上培训时间、地点不确定，对线上"超纲教学""提前教学""强化应试"等不良行为更是难以监控，即便有不良培训行为，培训机构也往往予以否认，存在判定难问题。二是跨区域的监管难，线上培训往往在一地审批，但在全国范围内招生，出了问题后由谁负责可能会存在相互推诿问题的发生，需要进一步明确权责范围。三是师资监管难，线上培训教师人员素质参差不齐，有的教师甚至缺乏基本教育教学能力，教学效果难以保障。四是资本逐利带来的过度营销严重引发了社会的焦虑，更加侧重互联网规律，忽视教育规律，偏离了教育的初心。正因如此，在资质审核、培训内容、课程监督及教师管理等方面都比线下培训机构的管理难度大得多，这同样是摆在政府治理面前的一道难题，需认真研究加以解决。

五、急需探寻治理"作坊式"培训机构的有效路径

"双减"政策实施后，一些校外培训机构和个人为了规避审批、获取更多利益，躲避行政监管和征税，不申请办学资质、不注册营业执照，将办学地点设在居民住宅内，场地条件简陋，消防安全得不到保障，存在较大安全隐患。有学者的研究也注意到了这个现象的存在，一些地方的培训机构在专项治理时关门歇业，专项治理后重操旧业，有的机构甚至会转入"地下"或移到住宅楼房等更不容易被发现的地方，其存在的安全隐患更加突显。① 2021年8月，北京市教委印发《北京市教育委员会关于近期检

---

① 周翠萍. 论校外培训机构的特点、问题及定位监管 [J]. 教育科学研究, 2019, (10)：32—35.

查校外培训机构发现问题的通报》，其中通报了一起在咖啡店内无办学资质擅自组织学科培训的案例。可以预见，今后私自开展校外培训的情况将会大量出现。这类"作坊式"的机构具有很强的隐蔽性，有的机构负责人甚至采取"游击战"的方式与执法人员进行周旋，查处难度较大。政府在这方面的治理方式方法仍存在不足，需要进一步提升治理能力和治理水平。

第六章　行业视角：校外培训
市场失灵与企业转型

　　校外培训规范发展，减轻学生作业负担和校外培训负担，事关党的教育方针贯彻落实，事关青少年健康成长，事关人民群众切身利益。但是，目前校外培训规范发展依然任重道远，综合校外培训治理行动及相关文献进行分析，不难发现当前从政策分析、监管治理、国际借鉴等方面对校外培训进行了较多的研究探讨，但是从行业视角出发进行研究的相对较少。校外培训规范发展，离不开校外培训行业的自治与支持。目前，整个校外培训行业的发展出现了较为严重的问题。根据经济学理论，在充分竞争完备的市场上，在价格和竞争等市场机制的作用下，稀缺的资源将会得到合理配置，实现"帕累托最优"，全社会的福利都将实现最大化。从我国目前校外培训行业发展的形势可以判断，在某种程度上校外培训出现了"市场失灵"，并导致了市场乱象。基于此，有必要系统分析校外培训市场失灵的表现，内在原因及负面效应。本章将具体研究校外培训行业的市场失灵，并探索新东方、好未来等企业在"双减"政策和市场失灵共同作用下的转型路径，为校外培训行业长远发展提出建设性意见。

第一节　校外培训市场失灵的表现

一、增加了学生学业负担，增加了家长经济负担

当前，校外培训机构以强大的心理攻势、广告宣传，制造着教育焦虑，一些家长在教育竞争中争相给孩子报名校外培训。特别是随着互联网、大数据、云技术、人工智能、数据挖掘、移动互联、智慧平台等技术的发展，线上校外培训快速发展，线上线下培训机构都成为孩子培训的阵地。虽然实现了"处处能学、时时可学"，但是很多孩子却因此叫苦不迭，学业负担陡然上升。特别是为了争抢市场份额，校外培训机构不惜以虚假宣传、承诺保过的方式获取生源，将收入的大部分经费用于营销，而提供的服务却没有改善。在疯狂营销的背景下，很多家长难以辨别，有的家长认为贵的就是好的，花了大价钱给孩子补习。有的家长为了保障孩子的学习效果，并没有选择价钱相对便宜的录播课程或者大班直播课，而是选择了价格较高的 1 对 1 课程，大大增加了家庭的经济负担。在这种形势下，仅依靠市场力量难以缓解学生学业压力和家庭经济负担，需要政府及时补位。

二、资本大量涌入，盲目投机行为盛行

自 2013 年开始，线上培训迎来了高速发展的时期。2014 年成为线上培训的大爆发之年。2 月 17 日，阿里巴巴联合淡马锡、启明创投，向在线教育平台及在线英语学习机构 Tutor Group 投资近 1 亿美元。2 月 19 日，谷歌投资 4000 万美元购买了教育和学习软件初创企业 Renaissance Learning 部分股份。亚马逊宣布收购在线数学教育服务商 TenMarks。百度、腾讯、

360 等企业也都已自建或注资在线教育平台。① 通过分析不难发现，投资线上教育的既有原有的线上培训机构，也有传统线下培训巨头，线上校外培训竞争异常激烈。当然，这些公司之中有的是经过长期沉淀发展起来的线上培训，但也不乏一些投资公司为了大量利润而采取的跟风行为，导致整个线上培训市场恶性发展，甚至出现了"劣币驱逐良币"的现象。现代远程教育开拓者安东尼·威廉·贝茨（Anthony William Bates）教授指出企业家们正在努力探索投资教育技术的可持续商业模式，通过在线教育技术获得大量利润。但他认为我们要成为"教育朋克"，夺回万维网，在教育领域使用开源、低成本、便于使用的工具，使其远离强大的商业利益。② 如果放任资本逐利，将进一步助推校外培训的发展，把教育变成一场"内卷游戏"。

三、互联网盈利模式短期难见效，资金存在较大风险

互联网巨头进入线上校外培训行业，带来的不仅仅是大量的资本，还有"互联网思维"，即公司发展最关键的就是引入流量，短时间内不一定要盈利，而是要迅速占领市场份额，成为行业的独角兽，而后在慢慢实现盈利的目的。这种思维加剧了线上校外培训行业的竞争，很多线上校外培训机构打出"课程全免费""免费试听 5 节课""9.9 元 10 节课"等宣传口号，目的就是要获得大量的流量。因为线上校外培训公司在发展过程中积累了大量的录制视频，这种视频往往属于一次性开发付费，所以获得大量流量后，听课的学生越多，成本分担越多，规模效应越大，开发成本随之回收，同时还可以排挤竞争对手。但是，互联网经济下，开发课程的费用总归是要有人付的，也许是优质课程补贴免费课程，也许是日后付费来

---

① 刘盾. 在线教育的"烧钱争霸战" [N]. 中国教育报，2014-4-2 (5).

② 安东尼·威廉·贝茨. 自动化还是赋权：在线学习路在何方？ [J]. 肖俊洪，译. 中国远程教育，2016，(4)：5—11.

补贴当前免费，也许是平台广告费来补贴课程费。在这种竞争模式下，很多线上培训机构难以承受巨大的资金压力，出现违约、倒闭甚至跑路的现象就不难理解了。其中影响比较大的如上海理优 1 对 1 跑路事件，学霸 1 对 1 跑路事件等，很多家长已经预付了一年甚至三年的学费，培训公司突然宣布停运停课，而且退费无门，造成了十分恶劣的社会影响。事实上，国家相关规定要求，线上培训机构按课时收费的，每科不得一次性收取超过 60 课时的费用，按培训周期收费的，不得一次性收取时间跨度超过 3 个月的费用。显然，很多线上培训机构并没有严格执行这项要求，如果仅依靠市场力量，难以起到规范的效果，可能会有更多的校外培训机构在竞争中破产倒闭，市场失灵显现。

第二节　校外培训市场失灵的内在原因

校外培训市场失灵的原因是多方面的，比如相关的政策体系尚未健全，政府治理能力和治理水平仍有不足，家长的培育理念尚未转变等。除此之外，我们更需要从校外培训行业的内部寻找原因，只有解决好内部诱因，才能实现行业的良性发展，才能获得社会的认可及政府的支持。

一、校外培训市场内部鱼龙混杂，出现"劣币驱逐良币"现象

庞大的校外培训市场，稳定的生源，可观的预期收入，必然会吸引大量资本进入校外培训行业。一方面，促进了校外培训行业的快速发展，另一方面也引入了很多不懂教育的资本家投资教育，以快速营利上市为目的的机构逐渐成长壮大，不遵循教育规律，盲目扩张，被称为"门口的野蛮人"，导致培训行业越来越混乱。这些投资者对师资队伍、培训质量关注较少，而在培训合同上大做"文章"，签订"霸王免责条款"，导致授课老

师的资质名不符实、上课质量达不到标准、课程效果不如意等问题。据调查发现，当前各类未成年人教育培训机构增长迅速，涉及未成年人教育培训合同纠纷案件数量也同步增长。北京市丰台区人民法院数据显示，近三年来，该院受理的涉未成年人教育培训合同纠纷案件同比增长超过50%。①此外，在校外培训治理过程中，许多"个体式""无证无照"等类型的培训机构转入地下，运营成本很低，给校外培训市场营造了不公平的竞争环境，而且在培训内容、培训师资等方面难以监管。这些不按照教育规律、市场规律办学的机构，不仅没有使学生获得预期的培训效果，而且家长维权也费时费力，出现了"劣币驱逐良币"的现象。

二、招聘优秀教师难，师资队伍建设问题多

教师水平之高低很大程度上决定了教学效果之好坏，所以对于教育培训机构而言，家长、学生极为看重师资水平。② 调研中发现，师资队伍建设问题也是举办者感到非常棘手的问题。有的举办者表示治理行动前，很多公办教师都在培训机构兼职，虽然之前也有政策限制公办教师，但是查处力度并不大，影响效果一般。但是此次治理行动后，基本上没有公办学校的教师在做兼职了，师资水平下降了很多。2021年7月，教育部办公厅印发《关于开展中小学有偿补课和教师违规收受礼品礼金问题专项整治工作的通知》，指出要通过九个月的专项整治，有效遏制中小学教师"课上不讲课下讲""组织开办校外培训班""到校外培训机构兼职""同家长搞利益交换"等突出问题，进一步对学校教师做出限制，教师更不敢到校外培训机构违规补课。具体而言，师资队伍建设存在以下问题：一是很难招

---

① 吴文诩. 一纸合同下的"暗礁"——未成年人校外培训如何避"坑"维权？［N］. 中国教育报，2019-10-24（3）.

② 邱昆树，王一涛，周朝成. 论政府对民办教育培训机构监管的责任担当［J］. 中国教育学刊，2018，（6）：44—49.

到优秀教师。目前，"集团式"的培训机构由于行业口碑好，各方面待遇保障也相对较好，能够招到一些"双一流"高校毕业的学生，但比率相对较低。而对于"中小型"培训机构而言，招聘优秀师资的难度相对较大，从入口就难以保障师资水平。二是教师流动性大、稳定性差。调研中发现，很多教师对培训机构并没有很深的认同感，只是将其作为未来事业发展的跳板或者中转站，并没有全身心地投入到机构的发展之中，工作一段时间后跳槽现象十分普遍。三是培训机构的举办者也表示不敢投入过多的经费对员工进行培训，因为培训后很多优秀的教师要么跳槽，要么自己创办培训机构，成为自身的竞争对手，得不偿失。四是一些培训机构在网站、培训实体店的显眼位置公布了教师的教师资格证，但是在具体培训过程中没有教师资格证进行教学的现象还大量存在，影响了校外培训行业规范发展。

三、个别培训机构违约"跑路"，造成严重的负面影响

近几年，先后出现多起校外培训机构倒闭、老板"跑路"的恶性事件，导致家长预交的学费无法退还，学生学习也不得不中断，甚至有的学生是通过消费贷款形式缴纳的学费，还要继续还贷款，给学生带来很大的压力，给其他校外培训的经营造成很大影响，让本来就被社会诟病的校外培训更是雪上加霜。如2019年10月，创立于1998年以培训英语口语为核心业务的韦伯英语倒闭，导致全国多地分校陷入"泥潭"，涉及学费金额过亿；再如在线教育的头部机构学霸君和经营22年的优胜教育等，均倒闭破产，给校外培训行业发展带来很大冲击，不仅造成了极其恶劣的社会影响，而且给绝大多数守法经营的校外培训机构也蒙上了一层阴影。首先，"跑路"事件让校外培训整个行业的口碑下降，社会对培训机构的信任度降低。有的举办者表示，原来招生的时候很容易，现在的家长法律意识、风险意识极强，需要培训机构解释很多相关问题，比如资金问题、资质问

题等，有的家长还会通过关系找到往期学员询问机构的情况，口碑影响非常关键。其次，"跑路"事件让监管政策进一步缩紧，如国务院办公厅印发的《关于规范校外培训机构发展的意见》，明确要求不得一次性收取时间跨度超过 3 个月或超过 60 个学时的费用，对课时做了细致、严密的要求。但调查中，很多举办者表示相关措施的效果并不是十分明显，很多培训机构通过变相的手段仍在预收长时间的培训费用。其中，还有一个现象非常值得深思，就是一些家长并不支持一次性收费不超过 3 个月的措施，而是希望交纳更长期的费用，深挖背后的原因在于一些知名培训机构一位难求，部分家长担心 3 个月后可能抢不到培训班的位置了，由此可见校外培训的火热程度。再次，"跑路"事件导致政府加强了对培训机构的资金监管，培训机构资金流日趋紧张。比如有的地方采取了第三方资金监管平台管理预付费，有的地方要求培训机构按 5% 或 10% 的比例存缴最低余额保障资金，致使培训机构可支配的现金流减少，给一些中小型培训机构扩大再发展带来较大影响。

四、资本过度逐利，教育公益性与市场逐利性难以平衡

公益性是教育的第一属性，逐利性是市场的天然属性。近几年，随着校外培训机构市场的快速扩大，特别是线上校外培训的高速发展，在互联网商业逻辑的驱使下，"先烧钱——规模化——再盈利"的互联网模式也被引入校外培训行业，从而更好地追求市场份额和垄断利润。校外培训的逐利性进一步扩张，而教育的公益性完全被抛诸脑后，受到极其严重的冲击。2016 年 12 月发布的《国务院关于鼓励社会力量兴办教育促进民办教育健康发展的若干意见》指出，"坚持教育的公益属性，无论是非营利性民办学校还是营利性民办学校都要始终把社会效益放在首位"，明确了校外培训发展的价值导向，即坚持公益性是校外培训最基本的价值前提。在这种形势下，如何实现教育公益性与培训机构逐利性之间的平衡成为一个

不得不面对的难题。如果处理不当，市场逐利性将进一步扩大，导致市场失灵。

第三节　校外培训市场失灵的负面效应

一、加剧了教育不公

市场遵循的是资本与效率原则，在这些原则正常发挥作用下，必然会产生"马太效应"，即强者愈强、弱者愈弱。从市场机制自身发展来看，这是正常的经济现象，拥有更多的资本在竞争中越有利，占有的资源也越多，提高效率的可能性也越大。但教育具有为党育人、为国育才的重要作用，是确保阶层流动的重要手段，政府保障教育公平发展的地位不容撼动。在校外培训发展过程中，市场机制的作用扩大了教育之间的不平衡现象，造成了区域之间、城乡之间、不同家庭背景的学生之间的不公平。相关研究表明，校外培训加剧了教育的不公平状态，实际效果更有利于富裕家庭的孩子。习近平总书记在主持召开中央财经委员会第十次会议中指出"共同富裕是全体人民的富裕，是人民群众物质生活和精神生活都富裕，不是少数人的富裕，也不是整齐划一的平均主义，要分阶段促进共同富裕。要鼓励勤劳创新致富，坚持在发展中保障和改善民生，为人民提高受教育程度、增强发展能力创造更加普惠公平的条件，畅通向上流动通道"。① 可以说，由于市场存在的局限性，如果仅仅依靠市场来配置教育资源，会导致教育资源配置过于集中，造成教育不公平，甚至导致严重的两极分化，需要进一步发挥政府的效用进行治理调整。

---

① 习近平. 在高质量发展中促进共同富裕 统筹做好重大金融风险防范化解工作 [N]. 人民日报，2021-8-18（1）.

二、产生了外部负效应

外部负效应是指在市场活动中，某一市场主体在进行生产和消费的过程中，对其他的市场主体造成了损害。对于市场生产主体而言，其内在动因是获得更多利润，如果没有限制并不会关注外部负效应的产生与蔓延；对于消费主体而言，其内在动因是获得满意的产品或服务，只要在市场上能够获得，并不会考虑其他消费主体的利益。当前，校外培训外部负效应越来越大，市场机制已经难以有效控制。一方面，校外培训规模越来越大，引发了"剧场效应"，背离了国家发展民办教育的初衷。改革开放初期至21世纪初，受于国家财力的限制，支持、鼓励、促进民办教育发展是主线，校外培训在满足学生个性化需求、帮助差生补习功课及提升学生综合素质等方面发挥了充分的作用。但随着资本的推动，校外培训市场不断扩大，加之广告营销，近几年引发了广大家长的培训焦虑，被迫参与到培训队伍中，导致有的孩子周末、寒暑假均在培训班中度过，违背了育人规律。另一方面，随着市场的扩大，对优质师资的需求日趋强烈，部分校外培训机构采取高薪或者不正当手段挖抢学校教师，部分教师违背师风师德要求，违规参加校外培训，鼓动学生参加校外培训，不仅导致学校正常的教育教学秩序受到影响，而且校内教师通过违规培训行为带来的高收入，引起了教师之间收入差距的扩大，打破了教师安心从教的良好氛围。对此，需要通过行政手段的力量消除校外培训引起的外部负效应。

三、侵害了消费者权益

随着校外培训市场竞争的加剧，校外培训机构为了获得更多流量，用于营销的费用大幅提升，有的机构不惜采取虚构、夸大、诱导等手段进行营销，导致入不敷出，经营不善卷款跑路，侵害消费者合法权益。一方面，利用"信息不对称性"虚假宣传。在经济活动中，由于参加者所享有的信息是不同的，有的市场主体利用信息优势进行营销，损害正当的交易。如有的校外培训机构虚构教师资质、虚构执教履历、夸大培训效果、夸大机构实力、编造用户评价等，导致家长、学生受到蒙骗。另一方面，价格欺诈行为问题突出。有的校外培训机构通过虚构原价和虚假优惠折价等手段诱导消费者进行消费。2021 年 6 月，国家市场监管总局集中公布一批校外培训机构虚假宣传、价格欺诈典型案例，对作业帮、猿辅导、新东方、学而思、精锐教育、掌门 1 对 1、华尔街英语等 15 家校外培训机构处以顶格罚款 3650 万元，对行业发展起到了威慑作用。在这种背景下，市场不能完全自行解决问题，为了恢复市场的正常运转，需要政府采取相关手段进行约束和制止违法违规行为。

第四节　校外培训机构转型案例分析

2021 年 7 月 24 日，为落实"双减"政策，发挥行业引领作用，中国民办教育协会率有关校外培训机构联合发出倡议：一是深刻认识"双减"重大意义，坚决拥护中央决策部署；二是坚持社会主义办学方向，全面贯彻党的教育方针；三是落实立德树人根本任务，服务中小学生全面发展；四是正确认识校外培训定位，加快转型成为有益补充；五是坚持证照齐全合法经营，健全规章制度提升水平；六是遵守价格管理确保质量，充分体现公益普惠属性；七是杜绝违法违规培训行为，切实维护群众合法利益。其中包括新东方、好未来、作业帮、猿辅导、高思（爱学习）、51Talk 等 120 家全国性校外培训机构，体现了校外培训机构坚决拥护党中央、国务院的决定，以实际行动向合规性转型。本节选取其中一些校外培训行业代表作为案例，其中包括线下的和线上的、学科类的和非学科类的，通过对相关案例官网内容的梳理及实地走访调研，对其转型发展进行全面、深入探讨分析。

一、行业发展先驱新东方

1993 年 11 月，北京新东方学校成立。经过近 30 年的发展，已经处于校外培训行业的龙头地位。新东方定位于以学生全面成长为核心，以科技为驱动力的综合性教育集团，拥有短期培训系统、基础教育系统、文化传播系统、咨询服务系统、科技产业系统、创投生态系统等多个发展平台，其品牌在全国具有一定的影响力。

（一）新东方的基本情况

自 1993 年成立以来，新东方在核心管理团队的领导下，不断开拓进取，勇于创新，从以英语培训为主，发展成为校外培训的综合型企业，目前已经创立了新东方中小学全科教育、新东方中小学国际教育、新东方留学考试、新东方在线、新东方前途出国、新东方国际游学、新东方满天星、新东方国际双语学校等诸多知名教育品牌，涉足教育领域的多个学段，并以"教育产品和教学质量为核心，以科技为驱动力，为学生全面成长创造价值，推动中国教育的进步和发展"为战略方针，以"追求卓越，挑战极限，从绝望中寻找希望，人生终将辉煌"为精神，不断推动企业的发展。"双减"政策落地后，新东方迅速调整，成立了"北京新东方素质教育成长中心"。

（二）新东方发展历程

1. 起步稳健发展（1993—2005）

1993 年，新东方创始人俞敏洪以英语培训作为公司主要业务，满足有出国意愿学生的英语学习需求，随着公司发展壮大不断拓展业务。1996年，第一家新东方书店"东方之星书店"和新东方出国咨询服务中心成立。2000 年 12 月，新东方教育在线成立，新东方正式进入远程教育领域。2001 年，新东方教育科技集团挂牌成立，新东方步入国际化、多元化的教育集团发展阶段。2005 年 10 月，新东方教育科技集团入驻地处北京中关村核心区的新东方总部大楼。在 10 多年的发展过程中，新东方先后在上海、广州、武汉、南京、杭州、长沙等多地设立新东方学校，成为在全国具有一定影响力的校外培训机构。

2. 上市快速发展（2006—2015）

2006 年 9 月，新东方在美国纽约证券交易所成功上市，成为中国大陆第一家在美国上市的教育机构，开启了新东方快速发展的新纪元，随后国际合作逐步推进。2007 年 11 月，新东方与美国教育考试服务中心（ETS）签署战略合作协议，从而更好地服务于国内的被培训学生。在这个阶段的发展过程中，新东方也受到了挑战并成功应对。2012 年，以事实和快速反应击败美国浑水研究公司对于新东方的指控，渡过企业发展的难关。此外，为了更好地了解校外培训行业发展的规律，先后成立了新东方教育行业研究院和新东方素质教育研究与发展中心，为事业的发展提供支撑。在这个阶段，先后在泉州、温州、珠海、石家庄、大连等地设立新东方学校，校外培训的版图进一步在全国扩张。

3. 高速扩张发展（2016—2020）

2016 年，新东方集团收入突破 100 亿元人民币，成为中国第一家收入过百亿人民币的教育培训机构，进一步巩固了校外培训行业的龙头地位。为了推动线上教育的发展，2017 年 4 月，北京双师东方教育科技有限公司成立，借助双师模式开拓业务，同时向欠发达地区中小学输送公益教育资源。为了加强党对校外培训机构的引领，2018 年 6 月，成立中国共产党新东方教育科技集团有限公司委员会，进一步加强了党在校外培训机构中的作用，并在行业中起到了引领示范作用。2019 年 3 月，新东方在线在香港上市，成为港股在线教育第一股，新东方正式开启双资本平台战略。2020年11月，新东方在香港上市，成为中国首家在港二次上市的教育公司，进一步扩大了新东方在行业中的影响力。

4. 转型发展（2021—　）

受2020年新冠肺炎疫情和校外培训机构"双减"最严监管措施的双重影响，新东方的发展受到了前所未有的挑战，部分线下培训机构不能复课，股价大跌，给新东方的发展带来了严峻的挑战。2021年5月，自中央深改委第十九次会议通过"双减"政策以来，至2021年7月中旬，新东方市值从201亿美元下跌到110亿美元，跌幅45%。7月20日，"双减"政策正式出台后，新东方、好未来教育集团市值暴跌近50%，高途最多跌幅超52%。按照"双减"政策中"严格执行未成年人保护法有关规定，校外培训机构不得占用国家法定节假日、休息日及寒暑假期组织学科类培训"的相关规定，新东方学科类培训将受到重创，如何实现转型发展成为新东方不得不面对的一道难题。

（三）新东方发展的经验

1. 把握正确的发展方向，依法依规发展

新东方近30年的发展，和中国社会主义市场经济的发展高度契合。1992年邓小平南方谈话，给中国的进一步改革带来了信心。1993年，新东方学校成立。在发展过程中，新东方根据国家的各项法律法规不断调整发展策略、发展路径，以"成为中国优秀的、令人尊敬的、有文化价值的教育机构"为愿景，使新东方总是能够在正确的方向上前行。

2. 以学生为核心，不断提升教学质量

新东方能够受到学生的认可，家长的信赖，最核心的基础就是以学生为核心，以教学质量为根基。教学是慢功夫，必须通过不断的打磨、探索、创新才能不断地提升教学质量。在发展过程中，新东方的教学形成了三个特点，一是快乐课堂，二是励志教育，三是精熟教学。以"培养德智体美劳全面发展的社会主义建设者和接班人，为提升学生终身竞争力，塑造学生公民素质，赋予学生全球眼光而努力"为教学目标。其中，终身竞争力包含优秀的学业背景、对知识和智慧的渴望、不断探索未知世界的兴趣；公民素质包含有良知的生活、尊重他人的权利和自由、为社会和国家进步而努力；全球眼光包含多角度思维、理解不同文明、学习先进理念和科技，新东方紧紧围绕这些教学目标，为学生的成长提供保障。

3. 注重教师队伍建设，以先进企业文化凝聚力量

教师是提供教学服务的主体，由于教学规模的不断扩大，新东方非常注重教师队伍建设，并以标准化建设为方法，在短期内培养了大量能够胜任教学工作的教师。新东方形成了"诚信负责，真情关爱，好学精进，志高行远"的价值观，形成了"坦诚、尊重、协作、创新"的企业文化，通过价值观和企业文化凝聚人心、凝聚力量。同时，通过为员工提供各种实用的福利留住人才。一方面，提供包括社保、法定节假日等法定福利，还提供餐补、体检、各项节日费、员工优惠报名、定期出国旅游等福利待遇。另一方面，为员工提供培训，从入职以后持续提升员工能力水平。比如，新入职的员工都要开展入职培训，让每一位新入职的新东方教职员工更好地了解公司概况、文化，更快地熟悉、适应，最终融入新东方的企业文化中，培训内容包括提升个人职业素养和能力的各类技能课程，也包括提升团队协作能力和对企业文化认知的各类素质拓展活动等，帮助员工适应岗位，发挥出最大效能。

4. 坚持企业社会责任，助力薄弱地区教育发展

新东方发展过程中，积极承担社会责任，赈灾济困，通过公司核心产品助力薄弱地区教育发展。2015 年 11 月，成立北京新东方公益基金会，

宗旨是通过公益的形式推动教育的改革和创新，使用创新技术推动教育的公平性。在服务社会过程中，新东方成立发展了自强之星、烛光行动、双师课堂、希望小学等项目，开展支教、帮扶等工作，坚持行动，以智扶贫，在一定程度上缓解了教育发展和资源不均衡的问题，真正让优质教育资源得以共享。比如2020年，在新东方双师课堂的帮助下，普安一中高考取得了喜人的成绩，883名参加高考的学生中，本科上线333人，上线率从去年的26%提升至38%，上升12个百分点，帮助更多的孩子实现了本科梦，也更好地承担了企业的社会责任。

（四）新东方发展面临的困境

1. 政策调整带来的挑战

自2018年校外培训专项治理行动开展以来，新东方不断进行自身合规性审查，并按照相关政策要求进行规范化调整。但是，由于过快的发展趋势、行业发展潜规则、行业之间的无序竞争，导致新东方发展过程中也出现了一些问题，并先后受到一些处罚。比如，2021年4月，因价格违法、虚假宣传等行为被顶格罚款50万元，2021年5月，新东方培训小北分教点涉嫌存在虚假违法广告等问题被依法予以立案查处，2021年6月，市场监管总局对新东方虚假宣传、价格欺诈进行顶格罚款250万元等。"双减"政策出台后，在培训时间、上市治理、培训内容等方面的规制，给新东方的发展带来严峻的考验。

2. 企业经营中的风险

新东方的发展由政策性问题带来了经营性难题。"双减"政策要求法定节假日、休息日、寒暑假不能开展学科类培训，而事实上，这些时间是企业营利的最佳时期，如果在这个时间段内不能够开展培训，那意味着大量的办学场所将闲置起来，企业的办学成本将难以回收，办学场所的资金压力骤增。此外，"双减"政策要求做好培训广告管控，加之前期在虚假宣传等方面受到的处罚，对新东方的宣传也提出了新的挑战，需要进一步合规发布广告，避免虚假宣传、过度宣传。

3. 企业转型带来的不确定因素

"双减"政策出台后，很多校外培训机构都面临着转型发展的问题，新东方也不例外。一是"双减"政策要求"外资不得通过兼并收购、受托经营、加盟连锁、利用可变利益实体等方式控股或参股学科类培训机构。已违规的，要进行清理整治"，这给在美股和港股均上市的新东方带来了合规性的风险，需要对企业上市问题进行重新地梳理，通过转型调整做到合法合规。二是针对义务教育阶段的学科类培训要进行转型。对学科类培训的限制已经是大势所趋，如何实现从学科类向非学科类转型，避免转型中的风险，降低转型过程中的成本，也给新东方的发展带来了挑战。

4. 师资队伍的稳定性风险

新东方的转型发展必将导致部分从业教师面临分流的问题，师资队伍的稳定性受到挑战。一方面，校外培训属于劳动密集型产业，教师比较辛苦，收入相对较低，原本教师流动性就比较大，为了更高的职业追求，校外培训机构教师离职现象比较普遍。另一方面，受到政策影响，教师被裁掉的恐慌情绪在蔓延，与其被公司裁员，不如主动求变，寻找新的行业、新的岗位，师资队伍的稳定性不容乐观，需要提早防范、提早布局。

（五）新东方转型发展远景分析

1. 按照政策法规要求进行合规性转型

"双减"政策的颁布，标志着史上最严监管措施的落地，接下来就是政策的贯彻执行。对于新东方而言，就是要根据政策的要求进行合规合法经营的调整，在资本逻辑、教育逻辑和政治逻辑下实现企业的生存发展壮大。在今后的发展中，新东方需要明确转型的方向，从而重新做好企业发展战略规划，明晰企业短期目标、中期目标和长期目标，在行业中率先转型，发挥好行业带头作用，确保转型顺利平稳过渡。

2. 回归发展传统业务板块

新东方发展之初，以培训出国留学生起步，随着发展壮大，中小学生培训成为公司的主营业务，占据公司最大的营业份额。随着政策对中小学学科类培训的规制，新东方需要向传统业务板块回归，加大对四六级英语、考研英语、成人英语培训等业务倾斜，在既有优势的基础上，进一步扩大这些板块的市场份额，从而推动新东方整体业务发展。

3. 拓展非学科类培训业务

不论是在资质审批、培训时间，还是课后服务、培训内容等方面，学科类都不是政策引导的方向，在今后的发展过程中将受到更加严格的监管。新东方在今后的发展过程中，不可避免地将业务向素质类培训转型，调整过程中必然会出现阵痛期，有的师资将会被淘汰，有的部门将会被合并，从而将业务调整至更加符合公司长远发展利益的板块。当前，新东方已经在素质类培训中做了布局，投资了一些机构，新成立的北京新东方素质教育成长中心下设艺术创作学院、人文发展学院、语商素养学院、自然科创空间站、智体运动训练馆、优质父母智慧馆六大板块。其中，艺术创作学院包括少儿创享美术和少儿硬笔书法课程，自然科创空间站包括STEAM创客、少儿机器人、少儿编程、自然探索课程，人文发展学院包括博雅国学与分级阅读课程，语商素养学院包括口才与表达、PBL课程，智体运动训练馆包括国际象棋和数理逻辑推理游戏课程，优质父母智慧馆将为各位家长提供包括家庭教育、育儿方法、多商管理、时间分配、高效学习等多维度的知识性内容。

4. 扩大幼儿园和K12学校

新东方在发展过程中，除了校外培训以外，积极参与到幼儿园和K12学校的创办发展中。比如，新东方全资子机构满天星旗下共拥有实体幼儿园近

30 所，在全国多地实现战略布局，为来自世界各地的 2—6 岁孩子提供双语教学。此外，在北京、扬州、青岛等地创办了新东方 K12 学校，如扬州外国语学校是一所集幼儿园、小学、国际中学、普通中学于一体的高标准、国际化、寄宿制学校，学校定位清晰、体系完整、特色鲜明，国际课程和本土课程双轨并行，为学生提供了多样化的办学模式和升学路径。在今后的发展过程中，幼儿园和 K12 业务板块也可能是新东方发展的重点之一。

5. 通过教育科技助力教育发展

新东方的发展壮大离不开科技的驱动，不仅成立了新东方人工智能研究院，研究探索人工智能在教育领域的发展方向及应用，自主研发的"新东方云教室"在疫情期间得到全面推广，承载了新东方 100 多万学员的在线学习。同时，新东方与科技公司进行合作，进行产品开发，比如与科大讯飞共同投资成立的东方讯飞教育科技有限公司，研发智能学习产品，为企业发展、教育改革助力。在未来发展中，新东方需进一步借助互联网、AI 等科技的力量，创新教育公益模式，推动优质教育资源共享，帮助更多寒门学子接受更好的教育，走向更广阔的人生。

二、行业发展巨头好未来

2003 年学而思成立，2013 年更名为好未来。至 2021 年，经过 18 年的发展，好未来和新东方已经共同成为校外培训行业的"两大巨头"，成为影响力较高的两家校外培训公司。与新东方不同的是，好未来发展的起点并不是英语培训，而是数学培训，通过数学培训不断发展壮大，目前已经成为以素质教育和课外辅导为载体的科技教育公司。

（一）好未来的基本情况

好未来给自身的定位是一家以智慧教育和开放平台为主体，以素质教育和课外辅导为载体，在全球范围内服务公办教育，助力民办教育，探索未来教育新模式的科技教育公司。截至 2020 年末，好未来主要业务涉及智慧教育、教育开放平台、K12 课外教育及留学咨询服务等，旗下拥有多个教育品牌，包括学而思培优、学而思网校、学而思 1 对 1、励步、题拍拍、小猴启蒙、小猴编程、爱棋道、妈妈帮、考研帮、轻舟留学、摩比等教育品牌，并发起成立了学而思文创出版中心，战略投资了赫石少儿体能等品牌。

好未来秉持"教学教研是核心，信息化工具是杠杆，学校制度是保障"的理念，积极构建教育科技生态，探索教育前沿科技和未来教育新模式，通过开放好未来最新教研、技术、教学成果，打造未来魔法校、未来好课、直播云、教研云等产品及服务，助力民办教育行业成长，支持区域及公立学校教育信息化建设。同时，好未来还联合发起教育行业学习交流平台未来之星，创办 GES 未来教育大会，共同促进教育行业发展；依托好未来公益基金会，持续拓展教育公益模式，助力改变偏远乡村地区的教育面貌，努力帮助更多人平等享受教育资源。好未来的使命是用科技推动教育进步；愿景是成为受尊敬的教育机构；价值观是一切从用户出发，做强比做大更重要，开放坦诚做自己，为热爱全力以赴，随需而变才有未来。

（二）好未来发展历程

1. 创立起步（2003—2009）

2003 年，学而思课外辅导正式创立，并逐渐探索早期在线教育模式，2006 年，高考网上线运营，2007 年学而思正式进入家教市场，成立"智康 1 对 1"，由于找准了发展方向，培训质量较高，受到了广大家长、学生的认可，学而思快速成长壮大。

2. 上市发展（2010—2015）

2010 年，是学而思发展历程中的重大转折点，在这一年学而思网校正式上线运行，公司在美国纽交所挂牌上市，为学而思的发展壮大获取了大量资金支持。2012年11月，学而思发布全新教育理念：激发兴趣、培养习惯、塑造品格。2013年，学而思更名好未来，确立了多品牌协同发展策略，创立了好未来公益基金会。2014年9月，好未来推出教育CEO训练营——未来之星，不仅培养了一批教育行业领军人物，而且为好未来的发展孵化了一批优质企业，为好未来在教育领域的全面发展奠定了基础。

3. 企业重塑（2016—2019）

随着好未来地快速发展，业务范围扩展至1—24岁，不断加速个性化教育等领域的研发与创新。2018年1月，成立脑科学实验室，2019年2月，好未来获批成立行业首家博士后科研工作站，这些举措都为好未来更好地提供培训奠定研究基础，并助力好未来成为更好的教育科技公司。

4. 升级转型（2020— ）

2020年暴发的新冠肺炎疫情，对好未来而言既是挑战，同时也带来了快速转型升级的机遇。2020年2月，学而思网校免费直播课、"学习强国"与"学而思"联手奉献中小学免费课堂，为"停课不停学"贡献力量。同时，积极发展在线培训，发挥科技优势，不仅实现了在线培训的快速发展，也助力国家宏观战略的发展。2020年10月，学而思网校项目入选中央网信办网络扶贫典型案例。同时，在新冠肺炎疫情对全球教育领域冲击显著的背景下，好未来积极与联合国教科文组织开展交流与合作，主动分享自身的教育科技与资源，帮助更多国家和地区的儿童们顺利地学习成长。2020年底，联合国教科文组织和好未来教育集团签署战略合作协议，在全球范围内建立以互联网和AI等技术为基础的、具备危机应对能力的开放性在线学习系统，为好未来更好地实现企业价值提供了平台。2021年，在国家对校外培训机构治理进一步趋严的形势下，好未来也面临着转型发展问题。

（三）好未来发展的经验

1. 重视基层党组织建设

好未来集团高度重视党组织建设，发挥党组织对校外培训机构的引领作用。2014年5月，好未来获得批准成立第一个党支部，2017年8月，建立集团党委。好未来党委自成立以来，坚持以习近平新时代中国特色社会主义思想为指导，秉承党建工作是企业发展的"红色引擎"这一核心思想，积极践行"负责任才有好未来"的理念，大力提高企业党员员工对组织的认同感。2017年至2018年，连续两年被海淀园工委评为"先进基层党组织"，以及"党建创新示范项目"，2019年，被评为"海淀区先进基层党组织"。到2020年底，好未来集团在职党员近10000人，党员员工占比约20%，基层党组织30多个，切实通过党建引领了集团事业的发展。

2. 通过教研实践赋能教师成长

好未来高度重视教研实践探索，通过教研实践推动教师成长。一方面，通过体系化、实践性的途径为教师赋能。体系化即从心理学、教育学领域提供符合科学体系的培训内容，整体提升教师教学水平和业务素养。实践性即关注教学中遇到的实际困难，为教师践行教育理念提供可靠的支撑。另一方面，注重通过教研活动赋能教师发展。比如，脑科学实验室积极研发脑科学相关的课程，旨在提供面向教师的系统化教育理念践行评价与培训方案，从动力激发、能力培养的角度解析学习问题，为教师提供视频课程《基于脑的动力教学》《脑科学与学习能力提升》《教师成长大学》等，从而激发教师的教研潜力，为学生提供高效科学的课程体系。

3. 完善的员工成长培训体系

人才资源是企业的第一资源，好未来格外重视员工的发展，致力于精品学习项目研发，助力人才成长，通过开展各类课程与培训，在人才发展

关键时期提供助力。同时，搭建了全方位人才培养体系，为各阶段、各职级的人才提供培养路径。（见表6-1）

表6-1　全方位人才培养体系

类型	课程体系				经典项目	
干部培训	现任中层干部培训—灵秀计划系列培训				总监	云杉计划
	现任基层干部培训—管理三板斧系列培训				经理	灵秀计划
					员工	青苗计划
职业培训	公司针对不同专业族群，提供丰富的职业技能培训课程				PHP 技术线	
	技术学院	产品学院	人力学院	财务学院	产品黑客营	
	公司为大家提供了丰富的通用技能类培训课程				青芒计划	
					青腾计划	
新人培训	各事业部将为大家展开针对性的新人岗位培训				未来达人	
	社会招募新人岗前培训		校园招募新人岗前封闭培训			

4. 多产业链条的搭建

好未来发展之初主要以"奥数"培训作为主要业务板块。发展近20年来，构建起从工具、平台到内容的多元化教育生态，满足不同年龄段人群个性化学习需求，集团业务覆盖素质教育、K12 课外教育、母婴服务、大学生服务、海外留学等领域。可见，好未来已经完成了教育行业多产业链条的搭建，而且各产业链条之间能够紧密合作、相互配合、相互补充，共同推动集团业务的快速发展。此外，好未来通过技术中台建设，集合 AI 中台、大数据中台、脑认知中台、直播中台等多个研发团队，探索教育前沿科技和未来教育新模式，为多产业链条的发展提供技术支持。

5. 优质的教学内容

优质的教学内容是好未来发展的核心，不同的业务板块均力求打造最前沿的培训内容。比如，学而思培优研发了"六大能力"体系培养方案，即阅读能力（书本是孩子们无声的师长，阅读能力是帮助孩子打开多彩世界的钥匙）、沟通能力（未来的世界是人与人连接的世界，沟通能力是孩子向他人学习的桥梁）、抽象能力（抽象性思维是透过现象洞悉本质的能力，帮助孩子探索真知之美）、探究能力（万事万物皆老师，探究能力是向一切事物学习的源泉）、思辨能力（思辨能力是自省和反思的能力，帮助孩子不断完善自我）、创造能力（创造能力是将问题转化为机遇的能力，帮助孩子从容适应环境、自信面对挑战），注重不仅让学生"学会"，更注重要学生"会学"，助力素质教育。再如，学而思网校以"专业平台+精品课程"形式，推出了包含从小学一年级到高三的全年级全学科的线上课程复习教学视频平台"同步课堂"。除了全年级的同步复习课程外，还有精彩的"大师课"，让学生们在复习知识的同时，也能不断拓宽视野、增长见闻。优质的教学内容受到了学生和家长的青睐，助力好未来的发展壮大。

（四）好未来发展面临的挑战

1. 政策规制越来越严

当前，针对校外培训机构的乱象，党中央、国务院高度重视，规范校外培训机构是当前的重点任务，因此，针对校外培训机构的合规性检查越来越多，出台的相关政策也越来越密集。在这种背景下，好未来需要积极做好战略调整，确保企业能够长远发展。

2. 在线学习辅导师标准不明确

受到疫情的影响，在线培训发展的十分火热。比如，学而思网校在2020年，推出全年级全学科免费直播课，并升级为"免费习题课""免费中小学语数外直播课"等，在这些举措的影响下，在线培训的规模日益扩大。为了与培训规模相匹配，好未来聘请了大量的在线学习辅导师，这也是当前线上培训行业普遍采取的做法。但是，在线学习辅导师的标准如何界定，是否需要教师资格证，是否需要其他专业技能证书，目前没有相关的标准，在线培训机构对如何聘用、使用在线学习辅导师仍存在困惑。"双减"政策颁布后，对教师的要求更加严格，对在线业务也带来了巨大挑战，需要及时对相关师资进行调整。

3. 行业监管执法越来越严格

2021年4月，北京市教委对学科类校外线上培训机构检查结果进行了通报，学而思网校存在违规提前招生收费、以不当用语误导学生报名缴费等问题。北京市市场监管局发布消息，北京市市场监管局针对群众反映强烈的校外教育培训机构组织专项检查，依法查处校外教育培训机构价格违法、虚假宣传等行为。经查：北京学而思教育科技有限公司通过其运营的天猫商城"学而思网校官方旗舰店"销售的多款培训课程，销售页面显示诸如"价格￥799.00，促销价￥20.00"的促销活动，但价格￥799.00在促销活动前未实际成交过，属于"利用虚假的或者使人误解的价格手段，诱骗消费者或者其他经营者与其进行交易"的价格违法行为。5月，重庆市教委、市市场监管局联合发文，对近期发现学而思存在的课程设置、教师资质、招生收费、广告宣传等问题进行了通报，指出学而思有关校区的部分课程超标超前培训、对新学员提前超期违规收费、利用学员入读名校进行宣传，涉嫌虚假宣传、虚假广告等违法行为。在行业监管执法越来越严的背景下，如何有效应对，给好未来发展提出了新的挑战。

（五）好未来转型发展远景分析

1. 做好合规转型，实现长远稳定发展

"双减"政策实施后，必然会全面规范管理校外培训机构，坚持从严治理，对存在问题的机构要严肃查处。为了实现好未来的长远稳定发展，需要按照相关法律法规的要求，迅速做好企业的合规转型，避免陷入被动

发展的局面。同时，好未来要积极转型，拓展素质类培训，开拓新的业务范围，为企业长远发展助力。

2. 推动教学技术的创新与变革，深化科技与教育的融合发展

随着互联网、AI、大数据等技术的发展，科技正在以"新基建"的方式加速弥合数字鸿沟，为社会变革与进步创造大量机遇。作为教育科技公司，好未来自 2009 年开始探索互联网教育的未来，探索教育产品的创新及资源整合，依托科学的教学方法和先进的教育科技，积极引领教育行业的变革与创新，全力满足不同人群的教育需求，并探索教育公益新模式。在未来发展过程中，应继续发挥企业优势，贡献"科技+教育"力量，发挥"互联网+教育"优势，通过技术手段推动教育改革发展。

3. 推动教育均衡发展，承担赋予企业的新责任

普惠、公平的教育是保障机会公平的"最伟大的工具"，也是实现精准扶贫脱贫的重要途径之一。多年来，好未来秉承"做好教育就是最大的公益"的公益态度，聚焦教育均衡发展中的短板难题，积极开展教育公益活动，探索教育公益"好未来模式"，不断以创新方式将教育资源递送到偏远乡村地区，让当地学生真正从中受益，形成可广泛普及的有益实践。同时，好未来将教育公益与乡村振兴有机衔接，为构建高质量的乡村教育体系贡献力量，以知识、科技赋能乡村地区增强自我发展的能力，共同为乡村的振兴、农村的现代化做出更大贡献。在今后的发展过程中，好未来可以不断探索教育公益新模式，满足不同人群的教育需求，并不断促进优质教育资源的普及，不仅让更多学习者拥有终身学习、创造更好生活的机会，还可以积极推动优质教育资源的普及，让更多人享有公平而有质量的教育。

三、培训机构服务平台爱学习

除了为学生提供服务的校外培训机构外，还有专门为培训机构提供服

务的机构。爱学习就是通过内容和科技驱动，为教育培训机构提供一站式的教学产品及教育服务解决方案。爱学习围绕"开放连接，成人达己"的战略路线，整合"教研、教学、服务、营销、管理"五大板块，业务涵盖学科产品研发、双师课堂、师资培训、营销推广、办校咨询等，为其他校外培训机构提供服务。

（一）爱学习的基本情况

2009 年 12 月，高思教育成立，是一家集教育产品研发、教学内容和服务输出于一体的创新型科技教育公司。2019 年 11 月，高思教育品牌战略升级发布会在北京召开，将高思教育集团更名为爱学习教育集团，集团定位为"内容和科技驱动的 K12 教育供给平台"，坚持开放的平台化发展战略，持续为校内外合作机构提供优质的教育产品和服务，创新科技实力为行业赋能，帮助每个孩子"爱上学习，收获成长"。爱学习教育的价值主张为五个"好"，分别是：学生好、家长好、老师好、校长好、伙伴好。

升级后的爱学习教育集团设置四个线上开放平台业务，即校外班课培训供给平台"爱学习"；校外个性化培训供给平台"爱提分"；校内英才培养供给平台"爱尖子"；校内普惠教育供给平台"爱成长"。高思教育成为爱学习集团下属直营校外培训业务的品牌，旗下有高思 1 对 1、高思在线、高思 STEAM、高思宝贝等子品牌。

（二）爱学习发展历程

1. 起步阶段（2009—2014）

2009 年高思教育正式成立，以服务北京地区的家长和孩子为主要业务。2010 年 8 月，推出《高思学校竞赛数学课本》，被评为"全国数学奥林匹克竞赛"和"华罗庚金杯赛"推荐教材。2011 年 11 月，获国际知名风投机构千万美元投资，有力推动了高思教育的发展。2014 年 7 月，与广州卓越教育达成战略合作，正式迈入"互联网+"时代，开启了高思教育发展的新篇章。2014 年 9 月，爱学习平台 beta 版上线，为爱学习教育集团的发展奠定了基础。

2. 多元化发展阶段（2015—2018）

在资本和互联网的支持下，高思教育迎来了发展的机遇期。2015 年是爱学习多元化发展的重要时间节点，3 月"爱尖子"品牌正式上线，专注尖子生培养；5 月完成 4 亿元 B 轮融资；8 月互联网教育服务平台"爱学习"正式发布；12 月"爱提分"智慧云平台正式发布上线，多元化的产品极大地推动了爱学习的快速发展。2016 年 11 月，"爱学习双师课堂"正式上线，12 月合作机构数量达到 2000 家，高思教育正式挂牌新三板，2017 年 9 月，完成 5.5 亿 C 轮定向融资，进一步扩大了爱学习在行业中的领先地位。2018 年，为了实现科技推动教育发展，组建了"AI 实验室"，"爱学习双师课堂"战略升级，并开通了爱学习师训平台 3.0 版本，校外培训的业务范围不断扩大。

3. 曲折发展阶段（2019—2020）

2019 年，高思教育升级为爱学习教育，成功转型升级，服务的校外培训机构超过 8000 家。2020 年暴发的新冠肺炎疫情，加速了线上校外培训的发展，爱学习借机加速了向 OMO 模式的发展，进一步加强对双师课堂的开发和对在线培训技术的研发。虽然线下培训受到了一定的影响，但是实现了线上培训的快速发展，为爱学习的转型奠定了基础。

4. 转型发展阶段（2021—　）

受"双减"政策的影响，爱学习教育集团的发展面临着转型问题。一方面，在学科类培训受到限制的大背景下，爱学习以服务学科类校外培训机构为主要业务的平台将受到较大的冲击，需要根据未来发展的方向做出调整。另一方面，爱学习集团下属高思教育涉及的数学、语文、英语、物理、化学、生物等学科产品也将受到限制。此外，"双减"政策提出"学科类培训机构一律不得上市融资，严禁资本化运作"，也将给爱学习融资发展之路带来一定影响。为了实现公司的稳定长远发展，爱学习需要转型发展。

（三）爱学习发展的经验

1. 以产品为核心，以学生为中心

从爱学习十多年的发展过程中，不难发现教育产品是其核心竞争力，以北京为基点研发适合北京学生的数学、英语、语文等学科培训内容，特别是高思品牌"源于北京，深耕北京，更懂北京"，取得了北京广大家长和学生的认可，并实现了从一个教学点发展到全国知名品牌的蜕变。在培训过程中，坚持以学生为中心，设计符合不同学段学生特点的产品，帮助孩子爱上学习，主动思考，也助力了爱学习的发展。

2. 独特的路径，促进行业共同成长

与大部分校外培训机构不同，爱学习不仅有自身培训的品牌高思教育，而且在品牌崛起的同时，聚焦为其他校外培训机构服务，借助科技力量，充分开放自身优质教育资源，赋能更多 K12 培训机构共同成功，许多区域龙头机构通过与爱学习的合作强化了本地优势，为爱学习教育集团和整个行业都带来了巨大的动能。

3. 整合"教研、教学、服务、营销、管理"五大板块，实现校外培训服务全方位覆盖

为了实现爱学习在校外培训行业的领先地位，爱学习有效整合了"教研、教学、服务、营销、管理"等板块，实现了发展的闭环管理。在教研方面，注重教学体系构建、教学设计和课程定制等；在教学方面，研发了

双师直播课、备授课系统、教师培训、教师端 App 等支撑产品；在服务方面，开发了学生端 App、家长端 App、AI 老师辅导等；在营销方面，提供营销咨询服务和营销工具，帮助培训机构提升营销能力；在管理方面，研发了校长端 App、办学云管家等产品，帮助校外培训机构做好管理工作。通过全方位、系统化、多样化的服务为校外培训机构发展提供支撑，获得了中小型培训机构的认可。

4. 借助科技的力量，树立"创新、开放、有爱"的教育理念

爱学习教育集团注重科技的力量，通过科技的发展为校外培训行业赋能，利用人工智能、大数据挖掘和云处理技术，突破了传统教学场景的边界，实现课堂情况量化分析，帮助教师因材施教，帮助家长及时了解孩子动态。能够实现这种发展，离不开爱学习的"创新、开放、有爱"的理念。在创新方面，从思维创新到实践创新，从产品创新到业务创新，从颠覆自我到颠覆行业，用创新驱动教育发展；在开放方面，长期保持开放共赢的心态，坚持"开放连接，成人达己"的业务战略，与行业分享着高品质的产品服务，以及先进的理念和教学经验，助力行业升级，孩子健康成长；在有爱方面，认为爱是最好的教育，用心对待每一堂课，为学生提供高品质的课程，同时为学生提供心灵和精神的关爱，助力学生成长。

（四）爱学习发展面临的挑战

1. 政策调整带来的挑战

随着史上最严监管政策的出台，校外培训行业整体发展受到了限制。"双减"政策中指出"各地不再审批新的面向义务教育阶段学生的学科类校外培训机构"，这意味着爱学习服务校外培训机构平台的业务范围将受到限制，在今后的发展中只能服务存量机构或非义务教育阶段的培训机构，业务总量将受到影响。同时，其自身的学科类校外培训也将受到冲击。

2. 机构转型带来的挑战

受到强监管政策的影响，爱学习的整体发展战略必然会出现转型。为了谋求进一步融资，可能会将提供学科类培训的板块与公司业务剥离，进一步发展为其他校外培训机构提供服务的板块，规避政策风险，以教育科技服务公司谋求上市，进一步推动公司业务的发展。但是，在转型过程中，仍然会受到政策的限制，也会受到能否实现业务扩大发展的制约，能否顺利转型将影响公司的长远发展，需要做好企业转型的战略设计。

3. 经营中的风险

调研中发现，受到新冠肺炎疫情及北京校外培训机构治理的双重影响，2020—2021年，爱学习很多线下培训机构难以复课，租用的很多场所面临着巨额租金的压力，给企业经营带来严峻的挑战。同时，由于业务发展受到限制，爱学习面临着裁员的压力，给公司的发展带来极大的不稳定因素，企业的凝聚力、向心力可能会有所下降。

（五）爱学习转型发展远景分析

1. 做好企业的合规性检查，依法依规发展

根据"双减"政策和地方治理的举措，爱学习需要积极对照检查企业内部的情况，将现有义务教育阶段学科类培训机构统一登记为非营利性机构，按标准重新办理线上学科类培训的审批手续，对不合规的进行积极整改，按照校外培训机构联合发出的倡议进行规范性运营，在行业中起到引领示范作用。

2. 发挥科技的力量，推动OMO模式的快速发展

对爱学习而言，品质过硬的教学产品和服务，是其立身之本、发展之源。在今后的发展过程中依托科技的力量，持续开发优质的教育产品，聚焦OMO新教育模式，将线下教育、线上课程、双师课堂、APP等在内的

所有数据全打通，形成线上线下联动的全场景教学。特别是发展好双师课堂，发挥爱学习名师在线培训优势，强化本地辅导教师在线陪伴和课后跟进学生学习，更好地推动科技在培训中的应用，发挥好科技的效能。

3. 向素质类培训转型，推动企业多元化发展

从"双减"政策看，学科类校外培训机构发展远景并不乐观。早在"双减"政策发布前，新东方、好未来等多家公司集体变更了经营范围，新增了艺术、体育、科技类培训以及中小学生校外托管服务等合规项目，成为校外培训机构转型的方向。从发展趋势看，学科类培训机构可能将部分退出义务教育阶段和学前教育阶段，转型投身到非学科类培训，包括体育、艺术、科技培训等。爱学习教育集团也可尝试布局非学科类培训，转型过程中需要谨慎对待。一方面，非学科类培训原有市场已经存在行业巨头，新机构的加入必定会带来激烈的竞争。另一方面，如果资本过度进入非学科类培训，增加了学生负担，增加了家长的负担，不排除政策进一步调整加强对非学科类培训的监管，爱学习需要综合评估、审慎对待。

4. 坚持公益性第一属性，承担企业社会责任

不论是公办教育，还是民办教育，都应该把公益性摆在首位。校外培训机构的发展当然要遵循经济规律，按照市场发展的逻辑运营企业，但同时要重视教育的特殊性，遵循教育规律办培训，坚持公益性第一属性。通过先进的技术、优质的教学资源和教学手段，承担企业的社会责任，利用"云+AI"技术推进教育信息化变革，进一步发挥爱学习在"助学计划""情系美疆，送学助教"等项目中的作用，连接中国教师以及贫困地区学龄儿童，更好地助力薄弱地区教育发展，为企业创造良好的口碑。

四、线上语言类培训机构 51Talk

语言类培训机构在校外培训机构中占有重要席位，新东方成立之初就

是专门以英语培训为主业的。目前，我国语言类培训中，占主要地位的仍是英语，此外还有日语、韩语、法语、德语等。随着互联网技术的发展和计算机、手机等电子设备的普及，线上语言培训机构的发展成为可能。目前，新生代家长大多为"80后""90后"，是跟着互联网一起成长的一代人，也是线上校外培训市场的主要消费者，这部分家长对于下一代的教育格外重视，愿意为教育付费，在家庭支出中，教育支出的占比也逐渐增加。同时，线上语言类培训机构相对于线下语言类培训机构具有一定的优势，比如相对于线上培训，线下语言类培训接送子女耗时耗力、不易于系统了解子女学习进展、大班模式互动过少等。在这种背景下，线上语言类培训机构日益发展壮大，成功缓解了不少家长和孩子的学习焦虑，充分展现其优势，进一步打开了市场。经过比对，本节选取了目前发展较好的51Talk 作为线上语言类培训机构代表进行研究。

（一）51Talk 的基本情况

51Talk 是北京大生知行科技有限公司旗下的在线英语教育品牌，目前已经成为中国在线英语教育的知名品牌，专注于外教 1 对 1，通过有效的沉浸式学习法，打破传统的英语"知识"学习模式。51Talk 成立于 2011年，同年 11 月网站正式上线，并先后获得真格基金、顺为资本、DCM、红杉等数家国内外知名机构的投资。2016 年 5 月，51Talk 递交招股书，成为国内启动赴美上市进程的在线教育企业。2016 年 6 月 10 日，在美国纽交所成功上市，成为中国在线教育界的重要事件。

51Talk 的目标是提升孩子英语语言能力，通过在线外教 1v1 方式，实现沉浸式、高频次英语学习，避免应试哑巴英语，真正提升英语语言能力。51Talk 的价值体系可分成三个层次，分别是核心价值、支柱价值和基石价值。核心价值是"让每个人都有能力对话世界"。支柱价值是"以网络教育新经济为基础，以先进教育教学理念为抓手，推动中国英语教学改革与创新；以优质菲律宾外教为核心，以立德树人为本，实现英语普惠教育，促进教育公平；以英语教学和素质教育为载体，以国际理解教育和提升中外融通能力为主体，助力人类命运共同体；以中菲师生交流为桥梁，助推中菲人文交流，为'一带一路'奠基"。基石价值是"立德树人，努力培养道路自信、理论自信、制度自信、文化自信的中国特色社会主义建设者和接班人；以企业家精神看教育、办教育、创办人民满意的教育；以教育家情怀看企业、办企业、创办中国一流企业"。51Talk 的核心理念是"推动教育公平、坚持素质教育、促进新型经济、实施高频练习、广纳优质外教、保持健康财务"。这些都是"双减"政策颁布前 51Talk 的发展思路，随着"双减"政策的贯彻落实，51Talk 将面临着转型与调整。

（二）51Talk 发展历程

51Talk 的发展是随着互联网教育的发展不断成长壮大的，并取得了优异的成绩。2011 年，51Talk 网站正式上线，获得了真格基金天使轮投资；2012 年，51Talk 获得了美国顶级风险投资机构 DCM（Doll Capital Management）A 轮融资，进入高速发展期；2013 年，获得顺为资本 B 轮融资，荣获 2013 在线 1 对 1 口语培训机构排行榜最佳网络影响力奖 Top10；2014 年，51Talk 获得了红杉资本领投 C 轮融资，荣获最具口碑影响力外语机构和最具影响力在线教育品牌奖项；2015 年，51Talk 收购了 91 外教，荣获了中国"互联网+教育"卓越贡献企业奖；2016 年，51Talk 成功登录纽交所；到了 2020 年，51Talk 实现全面盈利，持续引领在线培训行业，全球范围内拥有超过 24000 名优质外教，活跃用户数接近 30 万，覆盖全国 500+城市，全球员工超过 5000 名，分公司遍布北京、上海、南京、武汉、深圳、济南和菲律宾、美国等地。51Talk 从成立到上市再到全面盈利，发展速度不可谓不快，这其中既有互联网发展大趋势带来的利好，也离不开 51Talk 自身的内涵建设。

（三）51Talk 发展的经验

1. 找准了模式：在线外教 1 对 1

51Talk 为了让每个孩子都能享受到高品质在线英语教育，开创了在线外教 1 对 1 模式，为孩子提供了沉浸式英语学习环境，让参加学习的孩子有充分的开口机会，对话交流时间远超传统学校，通过与外教的交流，孩子获得了充分语言输出训练，学会用英语思考，从而使流利英语脱口而出。当然，这种模式在"双减"政策的规范下，需要转型。

2. 优秀的师资：5A 好外教

51Talk 的外教均来自英语为官方语言的国家，并经过层层筛选严格培训，选出了真正"爱孩子，懂教育"的 5A 好外教，即 Able（经验丰富、专业热情）、Accredited（严格训练、权威认证）、Approachable（风趣幽默、亲切耐心）、Articulate（语言地道、循循善诱）、Accommodating（因材施教、乐于助人），为参加学习的孩子开展 1 对 1 授课。

3. 完善的课程体系：打造了专业的青少课程

51Talk 依托美国教育研究基地众多国际化教学研究团队联手打造专业教材，与国际标准接轨，针对中国学生研发适合中国人学习的英语课程，包含课前练习、课后复习、级别测试的高效学习体系，帮助中国人用更快捷有效的方式，达成英语水平的提升。具体而言 51Talk 青少儿课程具有以下几个特点：一是通过体系性设计提升学习效果。采用螺旋上升式课程设计，将同一主题在不同年级反复呈现，并不断提升语言和知识内容，环环相扣、层层递进。二是设计遵循儿童认知发展阶段特点。课程设计基于孩子语言发展规律，从语言学习到语言运用，全面提升英语知识与应用技能。三是设计了丰富有趣的画面内容。青少儿学习教材和练习题库设计形象生动，极具吸引力，符合孩子具象视觉认知习惯，让孩子爱上英语。按照年龄阶段可划分为 4 个等级：

（1）L0：以培养听说为主，让孩子爱上英语学习

学习目的是认识字母表，能分辨大小写字母；熟悉常见词汇，能建立声音、图片与单词的对应关系；建立字母和语音的对应关系，逐步做到见词能读。

（2）L1—L3：运用自然拼读，培养正确语音语调，扩充词汇

学习目的是就熟悉话题进行简单对话，表达个人看法；词汇量和阅读流利度大大提高；阅读并理解文章基础信息，回答相关简单问题。

（3）L4—L6：以学科阅读式学习，提升阅读能力

学习目的是能够就比较广泛的话题进行对话和交流；独立阅读较长篇幅的英文文章；轻松写出简单的英文段落。

（4）L7—L9：探索式学习，培养学员语言综合运用能力

学习目的是英语自由交流，可以针对某个问题进行深入讨论；独立阅读各种文体的英语文章；能够写出逻辑清楚的英文段落。

4. 注重课堂效果：趣味课堂互动

51Talk 根据青少年认知发展规律，通过上课平台为课堂提供了丰富有趣的互动形式和即时奖励反馈，充分激励孩子的课堂学习热情，避免在线教育互动性不强、学习效果较差的缺点。通过趣味课堂让孩子大量开口练习，与外教实现充分互动，从而更好地保障学习效果。

5. 注重性价比：平价享受品质

51Talk 的培训理念是让每一个孩子都有能力对话世界，因此以平价提供高品质课程服务为亮点，让每一个家庭的孩子都能享受到高品质的在线英语课程。并通过"学练测辅"教学体系提升孩子学习效果，即"学，系统性学习（外教 1 对 1）；练，高频率练习（系统提供完整的学习闭环）；辅，多元化辅导（免费公开课、家长学院）；测，阶段性测试（单元测试、

级别测试检验学习效果）"。

6. 技术成熟稳定：专业IT服务支持

在线教育培训技术成熟稳定是培训效果的重要保障，51Talk自主研发在线教育平台Air Class，提供了全面互动式的教学工具，具有超高清音视频技术，支持多设备随时回放，可确保每天15万节1对1在线课堂稳定不掉线。同时，51Talk坚持为每一位学员提供课程IT支持，无论是电脑、手机，还是iPad等任何上课工具，都确保服务通畅。此外，51Talk有较完善的安全管理制度，如《信息安全管理制度》《密码安全管理》等，定期或不定期对业务安全检测，请第三方专业安全团队做渗透等，确保每一个学员信息安全。

7. 完善的财务体系：确保资金安全

当前，校外培训机构卷款跑路的现象屡屡发生，给家庭带来了资金风险，严重影响了校外培训机构的整体信誉。在这方面，51Talk制定了完善的财务体系，通过与家长签订协议的方式，确保家长资金安全，每一份购买订单，都会与家长签订透明、公平、合法的课程服务协议，明确51Talk将为家庭提供的各项服务，保护学员利益。同时，承诺30天内退款，所有首次购买青少课程的新学员，如果对51Talk的课程和服务有任何不满意，都可以申请退款，51Talk将按照课程服务协议受理，通过稳健的财务体系，确保企业和家庭的资金安全。

（四）51Talk发展面临的挑战

1. 大规模的广告营销使得校外培训机构陷入囚徒困境

2020年，在新冠肺炎疫情的影响下，在线教育迅速发展，大量资本涌入在线培训行业，一些在线培训机构为了迅速占领市场，获得规模效益，投入大量经费进行广告营销，提高了在线培训的获客成本。调研过程中，51Talk也提出当前的营销成本居高不下，很多校外培训机构都陷入了囚徒困境，如果参与到营销行列，将进一步提升获客成本，但如果不参与到营销行列，那么企业的影响力、知名度可能会逐渐降低，不利于企业的长远发展。针对广告营销的乱象，相关部门也进行了治理。可以说，当前利用虚假噱头宣传和虚假广告等形式虚构原价、价格欺诈等广告营销时有发生，严重影响了正常的行业竞争。

2. 政策打击较大

自 2018 年校外培训专项治理以来，相关治理政策不断发布，51Talk 严格按照相关政策规定不断调整经营策略，以期满足政策要求，做到依法依规经营。与此同时，在规范发展过程中，政策对企业发展的影响较大。特别是"双减"政策中"聘请在境内的外籍人员要符合国家有关规定，严禁聘请在境外的外籍人员开展培训活动"的条款，使在境外的菲律宾外教不能针对境内的学员开展培训，严重削弱了 51Talk 的师资力量，急需进行转型调整。

3. 未经许可擅自开办线上培训机构影响了培训行业

在校外培训治理过程中，经过审批、备案的校外线上培训机构成为监管的重点，而一些"无证无照无备案"的机构也通过一些网络平台直接开展线上培训。一方面，教育教学质量难以保障，另一方面，不利于线上培训良好生态的营造，会出现"劣币驱逐良币"的现象，目前一些线上培训机构已经陷入破产倒闭的边缘。为了营造良好的线上培训行业氛围，有必要加大对非法违规机构的治理力度，保障合法合规机构有序发展，促进线上培训更好地发展。

（五）51Talk 转型发展远景分析

1. 合规经营，积极做好业务调整和转型

51Talk 是受"双减"政策影响较大的企业之一，培训模式、培训师资

都要进行重大调整。在未来发展中，要在发挥课程优势、课堂优势、提供高品质产品、确保资金安全的基础上，做好业务调整和转型。目前，据51Talk 披露，已经着手做好以下几个方面的工作：一是针对已经报名的学员，51Talk 将依据合同正常履约，且保证课程的高质量交付；二是51Talk 对于境内的青少用户不再售卖境外外教课程；三是51Talk 在 2021 年初发布了全新英语素质教育系统，8 月初，经过多年研发的以中教小班+AI 为载体、主打口语+阅读的"语言素养课程"正式上线；四是51Talk 成立之初的主营业务即成人英语业务，将会继续加大成人英语业务投入，为成人用户提供高品质课程；五是海外市场一直是51Talk 的重要市场，境外学员的外教课程不受影响，51Talk 会进一步开拓国际市场。通过这些转型调整，将符合相关政策规定，也为企业长远发展找到了方向。

2. 探索与学校合作开展英语培训

目前，51Talk 在线上英语培训方面已经处于行业领先地位，成为数百万用户的选择，产品和教学体系已经打磨得非常成熟，经受住了市场的考验。作为互联网模式的产品，具备线下教育无可比拟的优势及广阔的市场前景。建议可探索与学校合作，帮助学校充分开发多媒体资源，营造互联网+教育氛围，通过打造英语双师特色班，输出优质教学资源，帮助学校打造英语办学特色，在提高学校办学水平的同时，提升公司的影响力。

3. 推行行业标准，助力在线教育规范发展

疫情期间，在线教育行业迎来爆发式增长，消费者对在线课程的需求大幅提升。然而，教师资质真假难辨、用户退费难、部分企业虚假宣传等问题不断发生，如何规范市场行为成为监管部门和在线教育培训机构关注的焦点。2021 年 5 月，51Talk 牵头推动了国内首个涵盖学前到高中阶段（K12）的在线教育团体标准《K12 在线教育服务与评价》正式发布，规定了在线教育培训行业基础范围的要求，规定了在线教育培训服务提供方在

组织和提供服务时的行为服务规范，对在线教育培训机构的师资、课程服务、招生宣传、合同、教学质量、争议处理等方面明确标准，规范服务范围及服务方式。比如，团体标准明确，宣传应当真实、合法、表达形式健康，宣传中不得含有虚假或引人误解的内容，不得欺骗、误导消费者，在线教育培训机构应对宣传内容的真实性负责。可以说，该标准将进一步加强在线教育培训行业的自律，以及为提供线上教育培训服务的经营者进入教育培训行业提供了准入参考。

4. 稳健发展，避免过度发展带来的负面影响

随着资本对在线教育的关注，大量资本涌入在线教育行业，一些在线培训机构大量融资，盲目扩张，运用互联网思维开展在线教育，不惜以亏损赚取流量，以期形成行业垄断地位，导致了一些中小型在线教育机构破产倒闭。51Talk 作为当前为数不多线上培训实现盈利的机构之一，应保持战略定力，把准发展方向，避免盲目扩张，从而实现企业长远稳健发展。

五、艺术类校外培训机构小天鹅教育科技集团

美育是党的教育方针的重要组成部分。党的十八大以来，党中央高度重视美育工作，把美育工作摆在更加突出位置，作出了一系列重大决策部署。2013 年党的十八届三中全会提出"改进美育教学，提高学生审美和人文素养"，2015 年国务院办公厅印发《关于全面加强和改进学校美育工作的意见》，2020 年 10 月，中共中央办公厅、国务院办公厅印发了《关于全面加强和改进新时代学校美育工作的意见》，意见中指出"美是纯洁道德、丰富精神的重要源泉。美育是审美教育、情操教育、心灵教育，也是丰富想象力和培养创新意识的教育，能提升审美素养、陶冶情操、温润心灵、激发创新创造活力"。

随着美育事业的发展，开展艺术类培训的机构也不断发展壮大，一般来讲主要有四大类，即美术类、音乐类、舞蹈类、影视表演类。有的校外培训机构专注于其中的一类，比如专门做美术类或者舞蹈类培训，有的培训机构培训涵盖其中的几类培训。不论是哪种类型的培训机构，均是以市场需求为导向而开展校外培训的，本节选取一家综合性的艺术类校外培训机构——小天鹅教育科技集团作为分析对象。

（一）小天鹅教育科技集团的基本情况

小天鹅教育科技集团是一家专注于少儿艺术素质教育的教育集团，业务涵盖营销策划、文化交流、赛事组织、双师直播课堂、艺培机构运营和管理培训等，旗下三大知名品牌分别为小天鹅艺术中心、七彩双师课堂和七彩云课堂服务。集团的使命是把优质的艺术教育资源送到千家万户，愿景是实现艺术教育资源均衡发展，以"积极、诚信、团结、坚持、创新、远见"为企业的价值观。

其中，小天鹅艺术中心成立于 2002 年，是民政部门 4A 级社会组织单位，多次获得"南京市先进学校""诚信办学机构"等称号，同时也是"北京舞蹈学院舞蹈培训基地""中国国际标准舞总会 CBDF 考级培训基地""文化部艺术发展中心培训基地"。小天鹅艺术中心主要从事舞蹈、美术、书法、跆拳道、主持表演、声乐等艺术课程培训，培训内容专业化、多元化。办学以来，始终围绕"以美育人，和谐创新"的办学理念，以呵护孩子梦想为宗旨，使用统一的教材，统一的科学规范的教学大纲和管理体系，自行研发了"小天鹅中国舞""小天鹅拉丁舞""森林谷作文阅读""七彩童声""六成书法""创享美术""小天鹅主持表演"等专利品牌教材，并长期坚持投身艺术教育公益行活动。截至 2020 年底，小天鹅艺术中心教学网络遍及全国，拥有 360 余家连锁学习中心，素质美育测评中心1000 余家，合作校区达 3500 余家，线上线下培训学员累计达 80 余万人，教师队伍及行政管理团队达 7000 人以上。

2018 年 2 月，小天鹅教育科技集团正式推出针对 B 端客户的在线美育课堂，打造名师在线直播，专业教师线下辅导的"七彩双师课堂"项目，成为国内艺术教育行业实现"艺术教育+互联网"模式的先行者。小天鹅打通线上线下延伸服务，让用户无论在哪里都能享受到优质的艺术教育资源，致力于打造中国艺术教育行业知名教育师资平台。2020 年底，七彩双师课堂全国学习中心达 570 余家，为偏远山区免费捐赠 130 余间美育教室，让山区的孩子和一线城市的孩子一样，持续跟随优秀老师免费学习艺术。

2020 年 2 月，小天鹅教育科技集团推出了在家打开电视就能学习艺术的在线学习平台——七彩云课堂。教学内容以"在线直播"的形式呈现，支持电视、电脑、Paid、手机等多种终端，采用互动式教学，实现学员足不出户就可以学习艺术课程。小天鹅采取全国一线城市星级主播教师直播授课形式，并有专业教师负责互动、指导和作业点评，课程内容有趣又丰富，学生体验感不断增强。

（二）小天鹅教育科技集团发展历程

小天鹅教育科技集团的发展并不是一帆风顺的，也经历了一些逆境。调研过程中，根据小天鹅发展的关键节点，将小天鹅发展历程归纳为 5 个阶段，从中能体现出校外培训市场发展的轨迹，也可以体现出艺术类培训在我国发展壮大的历程。

1. 生存认知期（2002—2006）

小天鹅教育科技集团成立之时，并不是定位于艺术培训。2002 年，IT 职业培训机构异常火爆，创始人抓住行业机遇，通过做 IT 培训积累了第一桶金。随着 IT 岗位需求减少，IT 培训市场生源不断下降，创始人开始谋求转型，旗下品牌小天鹅艺术中心成立。在这个时期，创业团队实现了初始投入成本的平衡滚动，保持了足够的耐性和定力，在保障公司基本生存的前提下，审时度势、研判方向，为公司的发展奠定了基础。

2. 战略定向期（2007—2009）

为了推动公司发展，寻找到新的、稳定的发展点，小天鹅花了三年时间确定了专注于少儿艺术教育的战略定位。在这期间，做过 K12 学科类培训、英语培训、钢琴一对一、古筝、架子鼓等不擅长的科目。随后，经过认知不断升级、判断不断升级、决心不断升级、模型不断验证，确定了艺术教育作为核心业务的战略，并不断尝试、不断试错，打造了单店良好运营模型，为以后扩张奠定了坚实的基础。

3. 产品标准期（2010—2017）

随着小天鹅单店运营模式的标准化逐渐成熟，公司将更多的投入放到课程体系标准化研发层面，推动课程体系的标准化建设，科目从粗放型向精细化转变，停止了一些团队不擅长的科目，只保留了舞蹈、美术、书法、跆拳道、声乐和表演六科，同时成立六科教研组，研发教材，聘请专家优化，将教研成果刻成光盘、印刷成册，实行统一的教学标准，然后再根据每学期的实际情况进行优化，最终具备了产品标准期的三个维度：一是运营层面实现了单店运营模式的标准化，二是研发层面实现了产品课程体系的标准化，三是实现验证层面成功复制范例的标准化。

4. 全面扩张期（2018—2019）

经过前期的深厚积累，公司走上了"立足江苏，布局全国"的扩张之路，在全国多处开花结果，造就了艺术培训领域迅速扩张的一个奇迹。但是，这种扩张并不是盲目的，公司制定了严格的加盟体系、督导体系、培训体系，例如加盟前需审核个人资产、房产、银行现金流、对账单等，防止恶意加盟、卷款跑路、品牌受损。加盟校进入后，选址规划、营利模型、团队组建、招生策划都要一一督导，确保公司稳健发展。

5. 战略调整期（2020—　　）

2020年，受新冠肺炎疫情的影响，小天鹅加快推动科技在艺术培训中的应用，以双师直播这个工具体系为切入点，布局艺术双师直播项目，通过高质量的课程内容和先进的技术，形成了以科技为支撑的具备运营色彩的课程产品加盟连锁模式，通过七彩双师课堂、七彩云课堂不断拓展公司业务，实现了公司的快速发展。

2021年，对小天鹅而言是非常不同寻常的一年，既有机遇，也有挑战。"双减"政策主要是治理学科类培训，对于艺术类培训的治理相对宽松。一方面，有利于艺术培训行业的发展，另一方面，很多大型学科类培训机构也向艺术、体育类培训转型，增加了行业之间的竞争。同时，小天鹅直营校主要以南京市为主，受到2021年南京市新冠肺炎疫情的影响，给公司的发展带来了挑战。未来如何发展，需要企业做好长远规划布局。

（三）小天鹅教育科技集团发展的经验

1. 完善的组织架构，优秀的管理团队

目前，小天鹅教育科技集团已经搭建了完善的组织架构，设计了8个事业部，分别为财务部、行政部、技术部、教研部、企划部、小天鹅事业部、七彩事业部、七彩云事业部，各个部门紧密合作、各负其责，确保公司稳步发展。管理团队成员具有分工合作及勇于创新的精神，团队凝聚力、学习力、执行力较强，企业规范化、严格的管理为学生培训和企业未来发展做了强有力的支撑。

2. 差异化的产品，优秀的服务保障

通过多年的积累，小天鹅教育科技集团开发了包括舞蹈、美术、书法等科目在内的完善课程体系：舞蹈分为中国舞、街舞、拉丁舞、民族舞等；美术分为儿童画、综合班、动漫班、素描班、美术精品班等；六成书

法包含硬笔、软笔等；主持表演培养孩子综合表演能力，锻炼形、台、声、表，锻炼舞台和摄像机前两方面能力；跆拳道培养孩子礼义廉耻、忍耐克己、百折不屈的精神，开设少儿、青年的平时班、周末班、寒暑假班等；七彩童声主要讲授科学的发音方法及如何掌握歌唱呼吸等。在此基础上，开发了原创品牌教材，形成了科学规范的教学大纲和管理系统，形成了"中国舞""拉丁舞""创想美术""主持表演""六成书法""跆拳道""七彩童声"等专利品牌教材。同时，为了保障教学的顺利推进，在每一所学校形成了校长、教务主任、课程顾问、市场招生的团队，做好教学和服务工作，为孩子提供一站式教育服务，受到了学生和家长的好评。

3. 稳健的发展模式，直营与连锁并重

小天鹅教育科技集团之所以能够克服多重困难，走上快速发展之路，与其稳健的发展模式紧密相关。从艺术类培训机构发展模式看，很多艺术类培训机构在师训、课程大纲、教材教具等方面输出标准化产品，再以直营、加盟等方式快速占领市场。直营发展对于企业来讲是较容易管控品牌、产品及服务的经营模式，但是直营模式运营起来资产较重，市场覆盖容易出现瓶颈。加盟发展对于企业而言能够实现快速扩张的目的，迅速形成品牌效应，但是品牌管理较难，容易出现负面效应，也易出现问题。小天鹅教育科技集团坚持直营与连锁并重，在确保直营公司高品质发展的同时，以加盟模式迅速扩大市场占有率，并设计了四个维度确保品牌效应：即情怀复制、健康复制、品质复制、责任复制。

情怀复制即找到情怀趋同的人和团队，确保在文化统一的氛围中共同发展；健康复制即要站在加盟者的角度考虑合作，加盟是为了普及艺术教育，而不能一味地从商业角度去考虑，确保加盟合作者良性发展、健康发展；品质复制即核心产品的"标准化""优质化"，确保课程体系具备多元性、师资管理培训体系具备系统性、运营管理提醒具备实操性、绩效评价

体系具备激励性；责任复制即主动跟随性服务，以高度的责任心，对加盟校进行主动的过程性服务，充分关注加盟校的运营状况，及时给予指导和支持，确保加盟校快速发展壮大。

4. 引入科技信息技术，打造七彩双师课堂

在科技高速发展的环境下，小天鹅教育科技集团意识到，无论直营模式还是传统加盟模式，都是一种物理性的拓展，要想实现快速发展，必须与科技紧密结合。从艺术类培训的痛点来看，师资匮乏、课程匮乏是三四线城市以下地区艺术培训的两大痛点，是艺术类培训普及的刚性瓶颈。在科技赋能期，小天鹅教育科技集团借助互联网传播渠道，将全国知名艺术院校名师引入线上授课，专业名师线下辅导，通过"直播+录播"形式，既保证了培训服务质量，也打破了区域限制，实现了师资效益最大化，推动了公司的快速发展。

（四）小天鹅教育科技集团发展面临的挑战

1. 艺术类培训市场处于无序竞争的状态

随着美育的地位不断提升，很多家长的理念也在由应试向综合素养提升转变，对孩子的发展更加趋于理性，艺术教育受到更多资本的关注。但是，资本都是逐利的，有的投资者不懂艺术培训，只关注利润率。特别是随着艺考培训市场规模不断加温，整个市场处于野蛮生长的状态，出现了"大鱼吃小鱼"和资本碾压的情况，给行业发展带来了不良的风气。同时，有的中小培训机构只懂专业，不懂运营与管理，导致出现了家校矛盾，产生了负面影响。特别是"双减"政策颁布以来，很多大型企业转型素质类培训，市场竞争进一步加剧。对于小天鹅教育科技集团而言，处于当前的形势中，每一家校外培训机构都不能独善其身，陷入了不发展就有可能被收购或被替代的可能，经营发展压力较大。

2. 师资匮乏成为企业发展的刚性制约

专业的师资是校外培训机构立足发展的根本，当前艺术类培训机构专业师资人数匮乏、分布区域不均衡，限制了艺术类培训的普及。对于小天鹅教育科技集团而言，同样面临着师资匮乏的困境。一方面，在公司大发展时期，需要大量的师资满足公司扩张的需要。另一方面，由于行业属性，教师的稳定性相对较低，而且新教师培养周期较长，出现了一定的供需矛盾，特别是一些处于三四线城市的加盟校，师资问题更是成为发展的瓶颈，需要在今后发展过程中予以解决。

（五）小天鹅教育科技集团发展远景分析

1. 创新"艺术教育+互联网"新模式

在互联网生态下，艺术教育如果想快速发展，必须依靠互联网，将线上线下培训有机融合、形成合力。目前，小天鹅教育科技集团已经使用双师模式作为解决线下机构师资、课程匮乏痛点的动力杠杆，低价输出线上优秀师资和优质艺术课程，提升了综合服务能力和品质，取得了一定的成绩。在此次疫情之中，"互联网+培训"模式发挥了重要作用，帮助企业渡过了难关。从长远发展来看，仍需要进一步探索"艺术教育+互联网"新模式，尝试将艺术双师课堂在不同场景和领域扩张，实现从 TO-B（为企业提供服务）、TO-G（为政府提供服务）输出向 TO-C（为顾客提供服务）拓展，力求服务到家庭和个体，实现全场景针对性服务。

2. 抓住政策机遇进一步发展

《关于全面加强和改进新时代学校美育工作的意见》中明确提出要推进评价改革。把中小学生学习音乐、美术、书法等艺术类课程以及参与学校组织的艺术实践活动情况纳入学业要求，探索将艺术类科目纳入初、高中学业水平考试范围。全面实施中小学生艺术素质测评，将测评结果纳入初、高中学生综合素质评价。探索将艺术类科目纳入中考改革试点，纳入高中阶段学校考试招生录取计分科目，依据课程标准确定考试内容，利用现代技术手段促进客观公正评价。同时，鼓励有条件的地区可以通过购买服务方式，与相关专业机构等社会力量合作，向中小学提供美育教育教学服务，缓解美育师资不足问题。教育评价的改革，将进一步提升美育的地位，提高艺术类培训机构的市场份额，在这种政策背景下，对小天鹅教育科技集团而言，既是机遇，也是挑战，要把握好发展路径，进一步推动企业发展。

3. 更好地承担企业责任

公益性是教育培训行业的第一属性，在小天鹅教育科技集团发展的历程中，体现着企业的社会责任，通过支教、捐款、采购艺术教学器材等方式，援建了多所学校设立美育教室，为偏远地区留守儿童提供了专业化的发展平台，推动了乡村艺术教育事业的发展。特别是七彩双师课堂开展以来，让更多偏远地区的孩子拥有了更多艺术学习的机会。在今后的发展中，小天鹅教育科技集团应以高度社会责任感和教育使命感，助推艺术教育公益事业的发展，吸引更多正能量的教育工作者，为推动美育公平化及行业健康发展注入源源动力。

六、体育类校外培训机构万国体育

近年来，随着家庭经济收入的提升，加之国家政策的影响，体育类校外培训机构蓬勃发展。体育类校外培训吸引了大量的投资人，他们认为体育培训是体育产业里现阶段最优质最具投资价值的项目，并在体能、足球、篮球、羽毛球、冰雪运动等项目中进行投资。从政策角度分析，2019年9月2日，国务院办公厅印发了《关于体育强国建设纲要的通知》，提出到2020年、2035年、2050年，分阶段实现体育强国相应的战略目标。2020年10月，中共中央办公厅、国务院办公厅印发了《关于全面加强和改进新时代学校体育工作的意见》，意见中指出"学校体育是实现立德树人根本任务、提升学生综合素质的基础性工程，是加快推进教育现代化、建设教育强国和体育强国的重要工作，对于弘扬社会主义核心价值观，培养学生爱国主义、集体主义、社会主义精神和奋发向上、顽强拼搏的意志品质，实现以体育智、以体育心具有独特功能"。这些政策的出台，对整个体育培训市场起到鼓励的作用。同时，我国受教育人口基数大，尤其是二胎政策以来，潜在消费人群进一步扩大，青少年体育培训市场空间广阔。本节选取发展规模相对较大的万国体育作为分析对象，探讨体育类校外培训机构发展的历程及趋势。

（一）万国体育的基本情况

万国体育成立于 2006 年，成立之初主要提供击剑培训服务。在培训体系上，搭建了公共和私教课程、学员分级和考级、课外辅助活动、教练员培训、电教课程、实战及赛事参与等六大板块。针对 5 至 16 岁及以上群体有不同的针对性课程与定级，课程内容包括体能训练、技术训练、实战训练，对应不同等级的学员教授不同课程内容。目前，公司正在从击剑培训领域全面切入到体育培训领域，大力推进产品创新升级。具体包括三方面内容：一是创新打造多功能、现代化的体育综合体，形成以体育培训和健身为内容的场馆运营模式。二是在体育培训领域横向多元化布局，开展篮球、舞蹈、自行车、游泳等体育项目培训。三是加快开拓击剑培训市场，加快布局击剑产业上下游，包括装备制造、赛事运营。目前，已经构建了涵盖万国体育中心、万国击剑中心、多种万国体育培训中心等三位一体的场馆布局，形成包括击剑、篮球、舞蹈、自行车等四大支柱的产品结构，实现体育培训的专业化、体系化、规模化、科技化，促进体育消费人口增长，夯实体育产业发展根基。多名学员代表中国参加国际比赛，被国家体育总局授予"国家级青少年体育俱乐部""国家级体育产业示范单位"称号。万国体育的使命是"促进青少年体育发展，推动全民健身"，愿景是"成为全球击剑培训行业的领跑者，成为员工认可的最佳雇主"，价值观是"敬业、专业、客户为本"。

（二）万国体育发展历程

2006 年，万国体育在北京注册了第一家剑馆，但一直到 2008 年初仍处于亏本状态。自此，转变了经营思路，以学校为突破口向青少年培训转型，建立相应的课程体系，由此打开了营利增长的局面。2016 年 6 月，万国体育在新三板挂牌。财务数据方面，2014—2018 年，万国体育实现的营业收入分别为 1.24 亿元、1.41 亿元、1.84 亿元、2.66 亿元、3.33 亿元，同期净利润分别为 1380.4 万元、2612.93 万元、458.7 万元、1903.38 万元、3003.75 万元。2019 年，万国体育发布公告称"根据公司业务发展及长期战略发展规划，同时兼顾公司运营成本、提高公司决策效率，经慎重考虑，公司向全国中小企业股份转让系统申请公司股票终止挂牌"。自此，开启了主板市场上市的探索之路。

（三）万国体育发展的经验

万国体育之所以能够在行业中快速发展起来，成为行业的引领者，与万国体育总结的"六要素"密切相关。万国体育分析，目前我国青少年体育培训发育是不完整的，大量的培训机构处于"小作坊"阶段，通过时租一个场馆，再进行后续的招生和教学工作。但实际上，体育培训机构要做到良性发展就必须涵盖"六要素"，包括场地、教练、课程、会员、销售和赛事。

1. 高品质的运营场馆

校外体育培训必不可少的要素之一就是场馆。然而，在很多体育培训项目中场馆是发展的一个重要制约因素。一方面，国内体育场地数量及面积有限，全国人均体育场地面积更低。另一方面，中国大部分的体育场馆都属于学校或者国有企业，真正市场化的场馆非常少，这也限制了场馆的供给。万国体育高度重视场馆的建设，2016 年 9 月，万国体育打造的第一家体育综合体——上海万国体育中心开业运营，总面积达 35000 平方米，其内置击剑馆、自行车骑行赛道、舞蹈培训中心，还包括游泳、篮球、健身运动等多种体育项目，以及多功能馆、咖啡厅、体育用品商店等综合配套服务。此外，据万国体育 2018 半年报显示，报告期内，公司营业成本为 7509.1 万元，同比增长 40.04%，管理费用为 3596.13 万元，同比增长 29.08%，这两项数据的大幅增长主要就是因为公司经营规模的扩大，导致了培训场地租赁成本和办公场地费用增长，可见运营场馆对校外培训机构的重要意义。目前，万国体育在青岛、北京、上海、广州、深圳、杭州、西安、武汉、成都、重庆、郑州、合肥、佛山等多个城市开设了万国体育中心，为万国体育发展奠定了基础。

2. 优质的教练团队

专业优质的教练资源是体育培训机构发展的基础。目前，体育类培训机构的教练有专业退役运动员、体育专业学生，也有一些临时学习考证的人员，可谓是参差不齐、鱼龙混杂。教练的数量和质量上双重制约，使得教练成为体育培训领域的稀缺资源。万国体育拥有由原国家重剑队主教练领衔的中外击剑、体能、篮球教练团队 500 多名，执教成绩优异，曾帮助学员在奥运会、世锦赛、锦标赛等多项赛事中斩获了奖牌，已经成为中国击剑专业人才的孵化基地，源源不断输出专业人才，受到了学员和家长的认可。

3. 科学的课程体系

课程体系是校外体育培训机构发展的关键因素之一。在击剑教学体系的搭建上，万国击剑不断推陈出新，将资深专业技术和现代培训理念融入到对每一位学员的指导，根据学员学习击剑程度的不同提供不同级别课程，内容涵盖体能训练、技术训练、实战训练。在体能教学体系搭建上，万国体能根据不同年龄阶段儿童身体和心理特征，制定出一套更适合中国儿童体质的运动方案，包括综合体能、跳绳等全素质体能训练以及专项素质课程。在技术和实践训练方面，针对不同年龄的孩子进行分类培训，划分为苗苗班、新秀 A 班、新秀 B 班，设计专业的，适应儿童骨骼发展、身高发展的相应课程。此外，针对其他项目，万国体育都设计了不同的培训课程体系，确保培训的针对性。

4. 不断壮大的会员队伍

生源是校外培训机构的生存基础，没有生源意则味着培训机构的发展将成为无源之水。万国体育除了发展新成员外，高度重视老会员的维护。截至 2020 年底，已有注册会员 3 万人以上，并且成立了会员天地，在赛事安排、学员服务等方面对会员均有不同程度的倾斜，以此加强学员和家长对万国体育的认同感。

5. 完善的销售体系

体育类校外培训机构除了拥有场馆资源、优质的教练、科学的课程体系外，还需要拓展自己的渠道，加强推广和宣传，构建完善的销售体系。万国体育通过官方网站、微信公众号、门面宣传等途径不断提升品牌知名度，吸引家长增加对孩子体育培训的投入，从而不断提升盈利空间，扩大影响力。

6. 精良的赛事运营

赛事运营是体育类培训机构营收的重要途径之一。但是，当前以"小作坊"为主的校外培训机构中，具备赛事运营资质的机构相对较少。与众不同的是，万国体育专注于击剑赛事运营，目前在全国已经形成了较高的影响力，打造了教学赛和城市赛两大赛系，吸引了击剑爱好者的广泛参与，不仅提升了品牌的知名度，而且也成为万国体育的重要收入来源之一。

（四）万国体育发展面临的挑战

1. 击剑运动产业规模不大

万国体育以击剑运动为主要运营项目，虽然处于行业领先地位，且国家也一直在普及和推广击剑运动，但从击剑行业整体而言，击剑运动发展仍处于起步阶段。目前规模不大而且结构不合理，消费引领和带动不够，优秀人才、研发创新能力欠缺，击剑行业开发理念尚待提升，迫切需要加强统筹规划和规范引领。

2. 场地资源依然匮乏

场地设施供给不足是所有体育类校外培训机构面临的重要问题，目前已有的场地是各个培训机构抢占的重要资源，这必然导致成本压力骤增。虽然万国体育在场地资源方面积累了一定优势，但为了不断扩大公司的办学规模，必然需要大量的场地作支撑。一方面，建设体育中心需要大量的资金和较长的周期，另一方面，租赁场地存在不稳定的情况，在很大程度上影响了公司的快速发展。

3. 缺乏统一的评价标准

目前，针对体育类校外培训没有统一的评价标准，所以现在产品的设计也没有具体的考核目标，都是各个培训机构理想化的目标，导致培训行业参差不齐，培训质量难以保障。具有一定规模的公司在师资队伍、课程研发、安全保障、运营管理等方面的投入都相对较大，成本自然会比"小作坊"类的机构要高，如果在评价标准不统一的情况下，很可能会出现以劣胜优的现象，亟待建立相关的行业评价标准。

（五）万国体育发展远景分析

1. 抓住政策利好的机遇，进一步推动公司发展

在《关于全面加强和改进新时代学校体育工作的意见》颁布后，进一步推动了体育类校外培训机构的发展，可以说，政策利好是体育培训市场发展的前提，特别是对学校体育评价的改革，将体育科目纳入初、高中学业水平考试范围，改进中考体育测试内容、方式和计分办法，科学确定并逐步提高分值，积极推进高校在招生测试中增设体育项目，启动在高校招生中使用体育素养评价结果的研究，激发了行业的大发展。同时，"双减"政策对学科类培训的限制，间接的推动体育培训的进一步发展。在这种背景下，要积极探索行业发展的新模式、新方向，从而进一步推动公司发展。

2. 加强与学校的合作，提升市场份额

目前，优秀的体育师资仍然匮乏，对于击剑这种小众项目的师资更是紧缺。同时，《关于全面加强和改进新时代学校体育工作的意见》中也提出"有条件的地区可以通过购买服务方式，与相关专业机构等社会力量合作向中小学提供体育教育教学服务，缓解体育师资不足问题"。因此，不论是从推动击剑行业发展的角度，还是从扩大万国体育影响力的角度，万国体育可以进一步加强与学校的合作，为学校提供优秀的师资，推动击剑运动进校园，引领击剑行业消费。

3. 持续加强运营能力，形成以体育培训为主体的综合化体育服务业态

目前，万国体育已经将体育服务内容从原来单一的击剑培训扩展到多种运动项目培训，并且拓展了体育装备业务，更好地满足了用户需求，为了进一步巩固行业地位，应持续加强运营能力：一是产品结构多元化，进一步推行篮球、田径、羽毛球、瑜伽、体育舞蹈、动感单车、健身等多种体育产品的综合化，依托场馆优势加强多种业务营收能力；二是客户结构多元化，建设以孩子为中心的家庭式体育消费模式，逐步开展成人体育运动业务，提高成人消费比例；三是销售多元化，继续拓展多渠道销售，在市场推广中采取更加多样化的手段；四是提升资源整合能力，将公司打造成青少年体育平台，实现资源最优配置；五是提升场馆运营能力，在目前已有场馆资源的基础上，继续提升场馆运营能力，以自营为主体加强内容变现能力；六是继续提升品牌影响力，打造体育主题 MALL，持续输出品牌影响力，提升行业知名度；七是加强"互联网+体育"培训的开发应用，通过"线上+线下""旗舰店+专属店"的业态形式开展体育培训。

七、研学类机构世纪明德

2016 年 12 月，教育部等 11 部门印发《关于推进中小学生研学旅行的意见》，明确指出中小学生研学旅行是由教育部门和学校有计划地组织安排，通过集体旅行、集中食宿方式开展的研究性学习和旅行体验相结合的校外教育活动，是学校教育和校外教育衔接的创新形式，是教育教学的重要内容，是综合实践育人的有效途径。同时，在中小学生中开展研学旅行的意义、目标、原则、任务和组织保障方面，提出了指导性的意见。毫无疑问，研学旅行有效弥补了传统课堂教学的缺失，相关政策文件发布后迅速成为各地教育实践热点，加快了学校、旅行社、校外培训机构等的跨界联合。本节中选取研学旅行机构发展较快的世纪明德作为案例，探寻世纪明德的发展历程、面临挑战及未来发展愿景。

（一）世纪明德的基本情况

世纪明德源自清华，成立于 2006 年，是一个拥有专业化管理团队的泛素质教育集团，主要为 3 至 18 岁青少年提供国内游学、国际游学、研学旅行服务，为广大教育工作者提供教师培训、教育论坛服务，业务涵盖游学产品研发、推广销售、团队运作和后续接待服务全套流程。世纪明德研学旅行围绕"学校教育、家庭教育、社会教育"来深刻理解素质教育的本质，对素质教育的理解是世纪明德区别于传统旅行社的根本。世纪明德的字号源自"大学之道，在明明德"，使命是"做青少年素质教育的引领者"，愿景是"研学旅行好伙伴"，价值观是"客户第一、勇于担当、坚守理想、超越平庸、快乐简单、开放包容"，品牌标语是"最好的课堂在路上"。经过十多年的发展，获得了先发优势，已成长为研学旅行行业的头部企业，也逐渐形成有特色的青少年素质教育生态，涵盖了国内研学、国际研学、教师培训、明德教育论坛、明德 E 学堂等业务范围。

世纪明德国内研学营以"一城一大学、一地一文化"为主题，扣准文化视角，产品涵盖畅想未来、点燃梦想的百年名校游，感悟历史记忆与现代文明交融的博物馆、科技馆等知识拓展游，礼赞地域文化、剖析特色文明的人文深度游等，能够带领孩子研习包括京、沪、港、澳、台等地在内的 100 余道研学线。每一地都是课堂，每一处都有成长。世纪明德国内研学产品共有 4 个板块：万家灯火、千秋华章、江山如画、天地新颜，涉及近二十个主题，能为孩子带来丰富的研学体验，并让孩子一路学习、一路成长，了解自然、感悟历史、解读文化。

世纪明德国际游学产品涉及亚洲、欧洲、美洲、大洋洲共计四个大洲的40 余个国家，是以"一国一风貌，一洲一文明"为主线，以美、英、澳、北欧、法、意、瑞、日、韩与新加坡等为代表的国际游学营，能够带领营员了解不同国家的历史，品味不同地区的文化，体验不同民族的风俗。世纪明德国际游学营强调特色属性，能让青少年直面语言思维的实际环境，感受当地代表性文化潮流。在研学过程中，既能带领青少年游览世界名校与知名景点，激发创意思维，拓宽国际视野，又能从历史、人文、社会、科技、经济等各个角度全方位丰富青少年的想象空间，重建他们对事物的价值坐标，让青少年的每一个脚步都满载希望与梦想，每一次出发都收获全新的认知。同时，作为素质教育生态补充，明德旗下明德华艺组织孩子们参加国际艺术赛事，积极展开文化交流，为孩子们打开视野。

世纪明德教师培训以当代中小学教师内需为纲，进行个性化的产品定制。通过将中国各教育领域的优秀专家"请进来"，各中小学的师生"走出去"等方式，满足各地区各阶段的教师进修需求。

中国教育明德论坛致力于为长期思考教育改革的专家学者提供一个分享平台，为推动教育改革与进步的教育局局长与中小学校长提供一个交流学习平台，用思想与行动推动中国教育进步。自2006年举办首届"全国中小学校长高峰论坛"以来，中国教育明德论坛先后吸引了全国各地包括港澳台地区以及国外数十万名地方教育局局长和中小学校长参会，形成了品牌效应。

明德E学堂是世纪明德优质教育资源的课程平台，甄选了自身研发及优质教育合作伙伴的课程资源，为学校和家庭提供丰富多样的课程内容，涵盖了心理健康、家庭教育、科学教育、生涯规划等不同领域的教学内容，为学生素质教育提供更多地服务。

（二）世纪明德发展历程

1. 雏形初现（2002—2005）

早在2002年，世纪明德的主要创始人团队已经开始了早期的"研学旅行"活动，不过当时不能算是严格的研学活动，而主要是以夏令营为主，采取直销直营的方式。公司早期成员均为清华北大在校学生，并逐渐形成了稳定的创始团队。在这期间，虽然遭受了非典疫情的冲击，但是创始团队并没有放弃，而是迅速调整状态投入到公司的运营中。

2. 创立发展（2006—2016）

2006 年，世纪明德正式注册成立，与清华大学继续教育学院签约，活动冠名为"清华大学科技夏（冬）令营"，举办了首届全国基础教育学习论坛。随后开启了世纪明德快速发展之路，国内市场实现全国布局，国际战略稳步推进，推行内部规范治理体系，研发中国夏令营行业标准，获得了资本市场的青睐，融资稳步推进，为公司的发展注入了动力。

3. 高速发展（2016—2019）

2016 年，世纪明德在新三板成功挂牌，标志着在行业领先地位的奠定。随着国家对研学旅行行业的大力支持，世纪明德的业绩突飞猛进。在内部治理方面，实现核心层成员重组和分工调整，安全机制、人力机制、市场机制、品牌机制和星火机制不断完善。在外部盈利方面，全国市场布局，各省域分公司迅速生长，在国内研学、国际研学和师训板块的业务快速增长，奠定了行业的领先地位。

4. 稳定发展（2020—　）

2020 年以来，受到新冠肺炎疫情的影响，公司的业绩受到较大冲击，国内研学、国际研学方面都受到了重创。世纪明德不断稳定发展局面，修炼内功，在疫情稳定后，积极为全国乃至全世界的各地区青少年提供绿色、安全、有趣的服务，并努力为每一个中国少年都有研学的成长经历奋斗。

（三）世纪明德发展的经验

1. 自主研发高品质的产品体系

产品是企业发展的核心，高品质产品是确保企业发展的保障。研学旅行是高度复合的新型文旅产业，为保持产品品质不断提升，世纪明德高度重视产品研发。一方面，在原有产品部门的基础上组建了以具备名校背景产品研发人员为主的研发部门，将课程知识点融入产品手册当中，寓教于游，真正让中小学生在游学中达到巩固知识、启发思维的目的。经过多年开发与实践，公司形成了以常规的京、沪、西、宁、厦、蒙等研学产品为主，"苏东坡文化营""长征之路""丝绸之路"等定制化产品为辅的国内营产品体系和完善的四大洲国际游学体系。另一方面，世纪明德一直与社科院、首师大等单位的教育专家保持良好的合作关系，研发出自成体系的研学课程，并通过规划与打造与研学课程相结合的研学营地，促进区域教育与文旅事业的发展。

2. 搭建了研学完整的产业链

通过多年从事研学旅行工作的经验，世纪明德积累了丰富的基础资源，与数千所中小学校、教育培训机构、旅行机构等建立了合作关系，这些合作机构如众多爱国主义教育基地、高校心理专业研究中心等，搭建了完整的产业链，并培养了一大批研学导师。在这种完善的产业链发展下，公司的接待流程不断完善，接待实力不断提升，在行业内起到了领先示范的作用。

3. 注重提升品牌知名度

世纪明德多年专业从事素质教育、社会实践活动，打造研学旅行游学产品，服务多所学校，累计近百万名营员，已经成为国内领先的研学行业品牌。同时，不断通过课程体系、中国教育明德论坛、教师培训等渠道提升品牌认可度、知名度、美誉度。特别是通过建立"特色地域研学课程手册体系"进一步提升品牌影响力，其具体做法是世纪明德课程研发中心结合全国及国际范围的市场调研情况，推进研学课程本土化方案建设，整理分析全国 31 个省及亚洲、欧美等国的学情、域情等资料，开发完成了"一省一汇编，一市一册"的本地研学课程，为小学一年级到高中三年级的中小学生设计特色的地域研学课程体系，受到了广泛好评，世纪明德品牌综合价值全面提升。

4. 积极参与行业标准的制定

行业标准是推动行业健康发展的基础，世纪明德积极推动公司内部和行业标准的制定。在内部标准方面，明德企业服务标准体系建成于 2014 年，在参考所有旅游行业和教育培训行业相关标准基础上，从安全度、教育度、满意度三个方面对研学课程、服务人员、辅助资源、服务流程、服务标准等进行定义，内部标准得到了显著提升。在行业标准方面，公司多次参与《研学旅行服务规范》过程稿的研讨和修改工作，参与国家关于中小学出境研学、研学旅行基地等行业标准的起草工作和意见征集工作，分享研学接待零事故的经验，分享社会实践及素质教育全产品体系等，强化行业标准对行业的规范作用、指导作用，与业内专家、各界代表共同推进我国研学旅行事业的健康发展。

（四）世纪明德发展面临的挑战

1. 市场竞争不断加剧

随着国家研学旅行政策不断落地，各项工作稳步推进，行业竞争日趋严峻。大量机构涌入研学服务市场，随着"双减"政策落地，可以预测很多专业的教育公司、旅游公司将涉足研学旅行业务，研学旅行服务、品牌及产品的竞争更加激烈。

2. 不可抗力风险难以避免

研学旅行行业受社会安全事件、重大疫情、自然灾害、国家政治、国民经济等因素的影响较大。虽然世纪明德已建立针对重大疫情、自然灾害、突发事件等风险的安全应急机制，并尽力将由此可能带来的损失降低到最少，但是如果上述事件发生在寒暑假期内的游学高峰期，将直接对公司的经营业绩产生不利影响。比如，2020 年发生的新冠肺炎疫情，对公司业绩造成了极大的影响，至今国际研学板块仍难以开展运营。

3. 存在较大的安全风险

研学旅行中安全问题为重中之重。由于研学成员多为未成年人，集体外出研学存在交通、住宿、餐饮、人身等方面的各种安全风险。在研学期间，世纪明德引入风险评估与管理机制，做好前期预防工作，并发起了"安全带行动"，选拔"小安全员"参与安全管理等方式，强化营员的安全意识，增加安全指数。虽然世纪明德采取各种措施确保营员安全，并不断向营员强调安全注意事项，采取各种方式提升营员的安全意识，但游学活动本身就存在一定的安全风险，安全问题必须时刻予以关注。

4. 核心业务运营管理人才短缺

研学旅行课程设计及全程服务、客户的开发与维护、电子商务业务模式的发展等，都在一定程度上依赖核心业务运营管理人才。虽然世纪明德已经拥有一批业务水平高、接待经验丰富的骨干员工，并采用了完善人力定级机制、提高业务骨干待遇、加强企业文化建设等方式防止核心人才流失，但随着公司规模的日益扩大，各项专业人才短缺可能成为公司发展的瓶颈。特别是随着行业竞争压力地不断增加，人才竞争更为激烈，如果处理不当核心人才面临着流失的风险。

（五）世纪明德发展远景分析

1. 抓住政策利好期，推进业务快速发展

近些年，支持研学旅行发展的相关政策日益完善，各级政府对开展研学旅行意义的认识逐渐加深，《关于推进中小学生研学旅行的意见》中就指出开展研学旅行，有利于促进学生培育和践行社会主义核心价值观，激发学生对党、对国家、对人民的热爱之情；有利于推动全面实施素质教育，创新人才培养模式，引导学生主动适应社会，促进书本知识和生活经

验的深度融合；有利于加快提高人民生活质量，满足学生日益增长的旅游需求，从小培养学生文明旅游意识，养成文明旅游行为习惯。为了进一步支持和规范研学旅行发展，2020 年 10 月，中国教育国际交流协会发布《中小学生赴境外研学旅行实施规范》《中小学生赴境外研学旅行服务机构规范》《中小学生研学旅行实施规范》《中小学生研学实践教育基地（营地）服务规范》等四项团体标准，并启动"中小学生赴境外研学旅行机构教育服务认证"和"中小学生研学实践教育基地（营地）教育服务认证"项目。此外，教育部正在研究制订《全国中小学生研学实践教育工作指南》和《中小学生研学旅行服务合同（示范文本）》。从长远看，研学旅行发展的空间仍十分广阔，世纪明德可以抓住政策机遇期，进一步推进业务发展。

2. 提升风险应对能力，提升公司治理能力

不可否认，当前世纪明德仍面临着各种各样的风险挑战，需要对此保持足够的风险意识，不断提升公司治理能力和治理水平，不断招收和培养优秀人才，满足企业高速发展对人才储备的需求。同时，要深化战略布局，在主营业务国内游学、国际游学、教师培训等方面及时调整，加快推进自建营地开发建设工作，扩大品牌影响，通过行业标准引领行业发展，吸引更多青少年加入研学活动。

3. 加大产品研发力度，推进研学标准化和规模化发展

产品是企业发展的核心，世纪明德需要加大研发力度，丰富研学产品，拓展服务体系，大力推行信息化服务进程，实现产品的标准化和规模化发展，通过运营、产品、品牌的优势，实现研学旅行产品的快速复制发展，从而推动企业的长远、稳定、高效发展。

第七章　校外培训规范发展
"五位一体"共治模式

2018 年 9 月，习近平总书记在全国教育大会上强调"办好教育事业，家庭、学校、政府、社会都有责任"，为如何办好教育提供了遵循。有学者研究也指出，在校外培训机构相关政策演变过程中，政策目标主要有规范和引导两个核心：包括规范校外培训机构、规范公立学校、规范公立学校教师；引导教育生态良性循环、引导校外培训机构行业自律、引导配套服务不断完善。[①] 笔者认为校外培训规范发展离不开家庭、学校、行业、社会和政府任何一个主体，需要处理好五者之间的关系，形成良好的互动，实现共同育人的良好局面。本章将针对家庭、学校、行业、社会和政府等五个主体提出意见建议，构建起校外培训规范发展"五位一体"的共治模式。

第一节　承担家庭责任，缓解家庭教育焦虑

家庭是孩子成长的第一环境，父母是孩子的第一任老师。家庭教育作为人生教育的开端，在孩子的教育成长中发挥着极为重要的作用。家庭教

[①] 祁占勇，李清煜，王书琴. 21 世纪以来我国校外培训机构治理政策的演进历程与理性选择 [J]. 中国教育学刊，2019，(6)：37—43.

育工作开展的如何，关系到孩子的终身发展，关系到千家万户的切身利益，关系到国家和民族的未来。

一、学习通识教育，理性对待孩子的成长

没有家长是天生就会做父母的，也没有家长天生就是懂教育的，即便是教育学专业毕业的学生也不一定就懂得如何教育好自己的子女。当前，有的家长根本不懂得如何教育孩子、如何与孩子相处，不少家长存在一些错误的育儿理念，如认为教育孩子是学校的事情，给孩子花钱培训就是爱孩子的表现，将孩子的教育推向培训机构等，这些理念都不利于孩子的成长。在具体情况中，家庭教育问题频出，有的家庭出现重智轻德、重知轻能、过分宠爱等现象，有的家庭暴力殴打孩子，甚至出现了一些极端事件，严重威胁着未成年人的合法权益和健康成长。

建议家长学习一些教育的通识内容，了解教育的基本规律，树立全面发展的育人理念，转变心态，承担家长的责任。以"双减"政策为例，其中提出要明确家校社协同责任，要求家长积极与孩子沟通，关注孩子心理情绪，帮助其养成良好学习生活习惯。具体而言，家长要认识到育人不仅仅是学校的责任，在育人过程中，家长要充分发挥家庭教育的作用，以身作则，言传身教，多陪伴孩子。同时，家长要认识到校外培训的疯狂发展与每个参加校外培训的家庭都息息相关，"剧场效应"的形成是大家共同推动才导致的结果，缓解校外培训热，家长也要从自身找原因，分析孩子是否真正需要培训，是否考虑了孩子的感受，做一个理性的家长。此外，对于已经给孩子报名参加校外培训的家长，要采取相关的举措保护自身的合法权益，在选择校外培训机构时，做好相关的行业调查，保存好相应的培训合同、交费记录等重要证据，最为关键的是预付费不要超过3个月，保护好财产安全，给孩子选择适合的培训。

二、参与家校合作，提高家校共育质量

我国家校合作实践已经开展多年，取得了初步的成效。但是，整体而言，家校共育质量仍然不高，家校深度合作仍有待加强，特别是家长的教育功能发挥不足，有的家长管得太少，把孩子送到培训班进行托管，有的家长要求过高，给孩子报了多门培训班。可以说，家长往往对孩子期望高，但自身教育能力有限，造成了教育焦虑，导致了盲目跟风的问题。《中华人民共和国国民经济和社会发展第十四个五年规划和 2035 年远景目标纲要》提出"健全学校家庭社会协同育人机制"，要通过家校的深度合作缓解校外培训过热的压力。一方面，发挥"家长学校"的作用，家长积极参加学校提供的个性化、精细化培训，转变自身教育理念，认清校外培训的积极作用和负面影响，明晰并不是所有孩子都需要参加校外培训，要根据孩子特点制定孩子发展规划。另一方面，积极发挥家长的作用，完善家长委员会的功能，推动家长为孩子提供丰富多样的讲座、实践活动和劳动教育等，提升家长对学校教育的参与度，通过各行各业的家长形成合力，为孩子全面发展贡献力量。

三、落实《家庭教育促进法》，促进孩子健康成长

2021 年 10 月 23 日第十三届全国人民代表大会常务委员会第三十一次会议通过《家庭教育促进法》，自 2022 年 1 月 1 日起施行。制定《家庭教育促进法》，通过立法来促进、保障、规范家庭教育，是推动家庭教育事业发展的关键环节。法律中明确了家庭教育的地位，实现家庭教育由以家规、家训、家书为载体的传统模式，向以法治为引领和驱动、以社会主义核心价值观为主要内容、以立德树人为根本任务的新模式迭代升级，将家庭教育由传统的"家事"上升为新时代的重要"国事"。法律中还明确了家庭教育的原则、主要内容、基本制度和家庭、政府、学校、社会等各方

的责任，为家庭教育的实施提供法治保障。《家庭教育促进法》颁布后，家长需要认真学习，明确自身的主体职责，厘清家庭教育的任务，回归家庭教育本真，落实落细相关要求，合理安排未成年人学习、休息、娱乐和体育锻炼的时间，避免加重未成年人学习负担，共同促进孩子健康成长和全面发展。

第二节　提升学校质量，发挥学校主体作用

校外培训之所以如此火热，是因为培训机构能够找到家长和学生的痛点，以顾客需求为导向，并尽可能地满足顾客的需求。那么，学校教育拥有丰富的教学资源和优秀的师资，为什么难以满足家长和学生的需求呢？为了有效治理校外培训，打破"头痛医头、脚痛医脚"的局面，我们要抓住学校教育的源头，关键还是要通过提高校内教学质量、优化课程、建立科学评价机制，实现综合施策、标本兼治。

一、源头治理，治外更要治内

推动校外培训规范发展，必须找到治理的源头。笔者认为如果学生在校内解决不了"吃不饱"和"吃不了"的问题，家长必然会有强烈的市场需求，因此这个源头在校内，治理校外培训机构只是治标，治本之策仍然是优化我国传统的校内教育。一方面，要改进中小学教育教学，发挥学校的主体作用，落实以人为本的素质教育原则，回归教育的本质，加强教师师德师风建设，强化课堂的主阵地作用，提高课堂教学质量和课堂效率，严格按课程标准零起点教学，做到应教尽教，确保学生达到国家规定的学业质量标准。另一方面，要提高学校课后服务能力，充分挖掘学校师资潜力，满足学生培养兴趣、发展特长、开阔视野等方面的需求，同时为学困生提供辅导，缓解家长教育焦虑，抑制培训需求。引导学生自愿参加课后

服务，落实课后服务结束时间不早于当地正常下班时间的原则，确保解决家长面临的难题。目前，在这方面已经取得了一定实效，据统计，截至2021年5月底，全国共有10.2万所义务教育学校开展了课后服务，6496.3万名学生、465.6万名教师参与了课后服务。部分大城市课后服务学校覆盖率超过90%，课后服务工作取得重要进展，大大提升了群众的获得感和幸福感。[①] 为进一步推进课后服务工作，仍需要在基础设施条件、服务内容、经费来源、师资配备和考核评价标准等方面健全完善有关管理制度和保障机制。

二、贯彻落实党的教育方针，推进"五育并举"

2021年4月29日，最新修订的《教育法》将第五条教育方针修改为"教育必须为社会主义现代化建设服务、为人民服务，必须与生产劳动和社会实践相结合，培养德智体美劳全面发展的社会主义建设者和接班人"。5月，中央教育工作领导小组印发了《关于深入学习宣传贯彻党的教育方针的通知》，界定"党的教育方针是党的理论和路线方针政策在教育领域的集中体现，在教育事业发展中具有根本性地位和作用"，为今后深入学习宣传贯彻党的教育方针提供了遵循。学校作为育人的主阵地，要深刻认识全面贯彻党的教育方针重大意义，贯彻落实立德树人根本任务，推进"五育并举"全面发展。

在德育方面，"才者，德之资也；德者，才之帅也"。"德"在人的全面发展中始终居于首要地位，党的教育方针也一直将"德育"放在首要地位，引导学生积极践行社会主义核心价值观。在智育方面，要满足新时代对智育的需要，不能片面采取知识灌输的方式，不能"唯分数"，要在增长知识见识上下功夫，培养人的独立思考能力、创新意识。在体育方面，

---

① 评论员. 提升课后服务水平，满足学生多样化需求[N]. 中国教育报, 2021-7-28（1）.

要牢记"健康第一"，落实《关于全面加强和改进新时代学校体育工作的意见》，增强学生的体质，锤炼学生品质意志。在美育方面，坚持以美育人，落实《关于全面加强和改进新时代学校美育工作的意见》，不断增强学生欣赏美和创造美的能力。在劳育方面，要贯彻习近平总书记在全国教育大会上对"劳"赋予的新内涵，落实中共中央、国务院《关于全面加强新时代大中小学劳动教育的意见》，教育引导学生崇尚劳动，在劳动中实现自身的梦想。同时，要深刻认识德育、智育、体育、美育和劳育之间的内在逻辑关系，既强调各自的相对独立性，更强调"五育"之间的整体联系性，统筹推进"五育并举"。通过一系列的举措，促进学生全面成长成才，缓解家长的教育焦虑，营造良好的教育氛围。

三、融合融通，推动校内教育与校外教育的有机衔接

校外培训是学校教育的补充，因此从长远发展来看二者不是互斥关系，也不是竞争关系，要通过校外与校内的合作，共同增加教育资源有效供给，丰富现代学习方式。为了推进校内校外的融合融通，必须充分发挥校内校外协同育人的优势，特别是充分发挥线上培训灵活性的特点。有学者指出，在线学习的5个关键特征：移动的、互动性和参与性的、个性化的、智能的、全球的。[①] 因此，基于线上学习的这些优势，可以在以下三个方面加强校内外教育的融合融通。一是有条件的地区和学校购买优质的课程资源或共同开发个性化的课程资源。目前，一些线上培训机构开发了大量的优质资源，采取直接购买的形式不仅可以避免重复开发造成的浪费，还可以引入校外培训机构前沿的技术手段支持学校信息化建设。二是学校可以购买非学科类课后服务。目前，为解决课后"三点半"难题，很多地方都在探索通过学校提供以综合素质培养为主的课后服务，如美术、

---

① 约翰·丹尼尔. 灵活性：在线学习的核心要素 [J]. 李薇，译. 中国远程教育，2017，(1)：5—14+79.

体育等，但是由于校内教师专业的限制，提供的课后服务并不尽如人意，因此可以探索由校外培训机构为学生提供优质的资源，在这方面"双减"政策也有相关规定，指出"可适当引进非学科类校外培训机构参与课后服务，由教育部门负责组织遴选，供学校选择使用，并建立评估退出机制，对出现服务水平低下、恶意在校招揽生源、不按规定提供服务、扰乱学校教育教学和招生秩序等问题的培训机构，坚决取消培训资质"，为地方探索相关路径提供了政策支持。

第三节　加强行业自律，推动企业转型发展

教育，是一种慢的艺术，这与资本快速、最大化的逐利属性有着本质的区别。一旦校外培训机构将逐利放到第一位，完全以市场规律办教育，过度追求规模化效应，以上市为最终目的，那么很难办出优质的校外培训机构。因此，作为校外培训的从业者，不要求大求快，更不能将风险转移给家长，要求稳、求长远发展，对消费者、对社会负责，心怀教育理想，循序渐进、顺势而为，建立风险防控机制，提升化解风险的能力，踏踏实实做教育，为孩子的健康成长做贡献。

一、充分发挥行业协会作用，引领行业规范有序发展

行业协会是行业工作者自愿结成的、行业性的社会组织，在引领行业发展中发挥着重要作用。调研发现，不同层级的民办教育行业协会在推动民办教育行业自律方面积极作为。比如，中国民办教育协会积极宣传民办教育的意义和作用，促进社会各方面关心支持民办教育事业的发展，开展民办教育科学研究，促进民办学校办学质量和管理水平的提高，为政府部门对民办教育的决策提供咨询服务，开展民办教育的行业规范、行业自律和行业维权活动等，不断引领行业规范发展。在校外培训规范发展的治理

过程中，中国民办教育协会及其培训教育专业委员会发挥了重要作用，特别是"双减"政策颁布后，第一时间发布《中国民办教育协会率有关校外培训机构联合发出倡议书》，坚决拥护中央决策部署，起到了很好的引领作用。2021 年 7 月底，针对一些负面不实信息，协会发布《中国民办教育协会坚决反对将合法校外培训污名化的通报》，指出此次治理行动主要是针对过去一个时期校外培训发展存在的问题，但并不是全面否定校外培训机构的积极作用，更不是要全部取缔校外培训机构。协会作为行业组织，坚决反对任何将校外培训机构"污名化""非法化"的行为，坚决抵制违背中央精神，把合规校外培训与非法组织、非法行为挂钩的现象，坚定不移维护校外培训机构的合法权益和正当声誉，坚持继续推动校外培训业健康、持续发展，为满足人民群众需求、建设高质量教育体系做出新的贡献。2021 年 8 月初，针对一些机构出现退租困难并存在被要求支付违约金，且押金和已预付的租金无法退还等问题，协会经征求有关部门意见、实地调研走访，以及向参与立法人员、法学专家、专业律师等人士进行专门咨询，根据我国《民法典》的相关规定发布《校外培训机构房租有关问题的行业意见书》，建议在"双减"政策印发前，校外培训机构如已签订合同承租房屋，用于开展学龄前儿童线上培训或学龄前儿童线下学科类（含外语）培训、义务教育阶段学生和普通高中学生学科类培训的，可根据我国《民法典》第五百三十三条主张构成情势变更，并与出租方重新协商变更租金标准、租赁期限等，也可以与出租方协商提前解除房屋租赁合同。出租方不应将此视为违约，不应收取违约金，并应退还押金和所预付的部分租金。在支持、规范校外培训发展中切实发挥了行业协会应有的作用。

同时，我们也应该看到行业协会发挥的作用仍有待提升。建议各层级教育行政部门要积极推动各地完善相关行业自治组织，解决执法人员有限、培训质量缺乏监督的矛盾，共同推动行业规范有序发展。通过行业协会搭建政府与校外培训机构之间的桥梁，为政府决策提供相关信息，调节有关各方的关系。同时，协会可以定期组织开展业务培训，传达各级政府文件通知、会议精神，提高校外培训机构办学水平和育人质量。

二、转变培训理念，从应试教育到提升综合素质

校外培训之所以能够蓬勃发展，在一定程度上可视为我国传统应试教育的产物，其培训理念就是以"应试"为导向，学生的分数和成绩决定一切，在培训过程中通过超纲学习、提前学习实现"弯道超车"。从国家近几年的政策导向不难看出，政府希望通过社会力量推动我国教育发展，将民办教育定位为我国社会主义教育事业的重要组成部分，引导校外培训机构更多地提供艺术、体育、科学等非学科类培训，提升学生的综合素质。但相对于非学科类培训而言，学科类培训市场规模更大，更符合家长的需求。在这种应试培训理念的导向下，让整个社会都陷入了焦虑的竞争中。基于此，今后校外培训机构在提供服务时，不论是学科类培训还是非学科类培训，都要坚持党的教育方针，落实立德树人根本任务，坚持"五育并举"，注重学生综合素质的提升，特别是以学科类培训为主的培训机构，要转变培训理念，与国家教育改革方向相统一，以学生综合素质评价为导向，摒弃提升刷题能力、考试能力的培训方式，探索通过培训提升学生思辨能力、创新能力、解决问题能力的方法，切实通过校外培训的有益补充提升学生的综合素养。

三、做好合规自查，探索转型再发展

自改革开放以来校外培训机构在提升学生成绩、满足学生个性化需求等方面确实发挥了重要作用，近几年资本大量涌入培训行业，导致了校外培训过度无序发展的问题。从"双减"政策落实来看，校外培训机构要做好合规性自查，在政策法规框架内实现转型再发展。此次"双减"政策可谓是史上最严厉的监管政策，从资质审查、培训时间、培训内容、培训师资等多方面进行了治理，而且对已经上市且违规的公司要进行清理整治，

可见治理之严格。校外培训机构不能再心存侥幸，要从讲政治、为人民谋幸福的高度理解党中央、国务院治理校外培训的决心以及背后的逻辑，针对"双减"政策提出的要求，及时进行合规自查，尽快满足证照要求，从"有证无照""有照无证""无证无照"向合法合规的培训机构转变，实现依法依规办学。同时，该登记为非营利性机构的尽快登记为非营利性机构，已经上市且违规的尽快调整，避免资本化运作。此外，为了企业的长远发展，可以积极推动企业转型，向素质类培训、职业类培训、教育科技企业转型，在资本逻辑、教育逻辑和政治逻辑下确保转型顺利平稳过渡，实现企业的生存发展壮大。

四、从他律到自律，坚持公益性是第一属性

不论是非营利性的校外培训机构，还是营利性的校外培训机构，都要坚持教育的公益属性，都要始终把社会效益放在首位。调研时发现，大部分举办者都能认识到企业责任的重要性，努力做到教育公益性与资本逐利性之间的平衡。如全国政协委员、新东方教育科技集团董事长俞敏洪在"第九届全国培训教育发展大会"发言时提到，随着各种类型的民办教育机构大量涌现和快速发展，民办教育行业也出现了鱼龙混杂、急功近利、加重学生负担等问题，甚至出现了举办者卷款跑路的极端现象。面对行业内的乱象，在国家加强监管的同时，教育培训机构自身更应该严格自律，不断进行反思和改进。笔者认为，一是校外培训机构要通过签订《校外培训机构自律公约》的方式，加强行业自律，搭建校外培训机构互动平台，对失信的培训机构及时进行信息公开公示；二是要加强培训机构自身制度建设，提升管理水平，提升培训质量，理性对待资本，根据自身发展战略稳步推进，不能盲目跟风，急于扩大规模，以免陷入资金链断裂、倒闭破产的困境；三是校外培训机构要主动承担社会责任，积极向教育薄弱地区免费提供数字化教育资源，利用互联网工具扩大乡村地区孩子享有公平而

有质量教育的权利，营造校外培训机构发展的良好社会舆论氛围。

五、从外延到内涵，积极开发优质的培训资源

"双减"政策对校外培训的影响深远，校外培训机构应以此为契机，从外延式的发展向内涵式的发展转型。巧妇难为无米之炊，针对家长对优质、多元教育服务需求的日益增强，校外培训机构关键还是要开源筑基，把优质的培训资源进一步做大。一是要加强优质课程研发的力度，针对周中内的学科类培训，不论是"一对一"还是"精品小班课"，培训内容不是对学校教育的重复，也不是提前讲授学校课程内容，而是要开发提升学生综合素质的补充课程，只有培训内容足够新颖、有趣、有实效，才能使学生真正受益，让家长真正满意。二是要融入培训发展的主流趋势，积极探索应用信息化技术手段提升线上培训水平。有学者指出，由于资源质量标准和资源共享机制尚未建成，资源建设渠道单一、共享程度不高、质量参差不齐、重复建设、无序建设等问题尚未解决，故优质教育资源仍然存在缺口。[①] 校外培训机构可以在这方面有所作为，充分利用微课、网络课、双师课堂等方式提高培训的实效性，既可以通过重复播放降低企业成本，还可以向贫困地区捐赠网络课程，扩大培训受益面，助力乡村振兴，为校外培训机构的长远发展奠定良好的企业形象。

第四节　凝聚社会共识，营造良好教育生态

教育不仅仅是学校的事，不仅仅是教育行政部门的事，也不仅仅是广大家长的事，更是全社会的事。全社会要支持教育健康发展，营造教育发展和谐环境，不能只做教育的批评者、旁观者、局外人，而要做教育上的

---

① 姚林群，吴佳妮. 如何开展中小学在线学习项目？——基于加拿大安大略省的经验与启示 [J]. 现代教育技术，2019，(11)：5—11.

明白人、参与者、局中人，最大范围凝聚共识，为立德树人提供丰富的社会资源和正确的教育导向。

一、正确认识与理解教育，为教育提供更多支持

对于教育，似乎社会上很多人都能说出一些观点，因为毕竟都参加过学校教育，但是仔细分析，会发现很多人说的教育并没有说到点上。我们知道教育学是一门独立的学科，是研究人类教育现象、解决教育问题、揭示教育规律的社会科学。教育规律系指教育发展过程中的本质联系和必然趋势，是教育活动中主体与客体、主观与客观之间能动的统一，是教育现象或活动同其他社会现象或活动及教育现象内部各构成要素之间本质的、必然的联系。[①] 可见，教育发展是有规律可循的，而且这种规律不以人的意志为转移，具有客观性、基础性、决定性等属性。不容否认，在对教育规律把握不全面的形势下，我国教育事业仍存在一些难题亟待破解，如学前教育普惠性资源不充足，幼儿教师严重匮乏；基础教育城乡一体化发展仍然存在矛盾，家庭教育支出和家长相应精力负担过重；教师队伍不健全，师德师风建设亟待加强；高等教育创新发展质量不高，高校毕业生就业稳定性不足；此外还有职业教育吸引力不够，民办教育发展不规范……这些问题严重影响了人民群众对教育的满意度和获得感。本书讨论的校外培训问题，在某种程度上也违背了客观的教育规律，不符合教育发展趋势。为了有效解决这些问题，对于整个社会而言，对教育问题不应该仅仅是批评、指责，应该要有更多的理解与包容，要弄清教育问题不仅仅是教育领域的问题，更是一个复杂的社会性系统问题，没有建设意义的批评只会使教育越办越遭。因此，社会要给教育提供更多的支持，充分发挥社会资源的优势，有效使用少年宫、青少年活动中心等校外活动场所，鼓励具

---

① 顾明远. 教育大辞典（第1卷）［M］. 上海：上海教育出版社，1990：7.

备资质的社会专业人员或志愿者提供课后服务，提出专业性、建设性的意见建议，共同推动教育事业的发展。

二、引入第三方社会组织，做好校外培训评价

当前，在校外培训治理过程中，有的地方探索建立了"黑白名单"制度，有的地方对校外培训机构开展星级评定，在全国范围内还建立了校外培训机构线上线下管理服务平台，这些探索都为家长选择校外培训机构提供了依据。但是培训效果究竟如何，是否符合人才培养规律，是否采取非应试教育方式，是否适合学生的全面发展，这些问题都很难得到答案。因此，针对校外培训机构的评价，可以更多地引入第三方，探索建立第三方校外培训服务评价平台。比如，上海市针对区分学科类和非学科类培训服务的问题，研究制定了《上海市中小学生校外培训服务类别鉴定指标》，指出对培训服务类别存在疑议的，可以组织专家或者委托专业机构进行鉴定，遵循合规性原则、独立性原则、专业性原则，形成具有明确"学科类"或者"非学科类"鉴定结果的鉴定报告，引导校外培训机构向非学科类培训转型，并且为相关职能部门提供执法参考，防范假借非学科类培训项目实际开展学科类培训服务等逃避监管的行为，起到了很好的社会反响。为了更好发挥社会作用，应该鼓励各地积极探索、积极创新方式方法，以第三方的形式参与到校外培训机构的治理、评价中，形成社会共治。

三、创作更多优质的家长育儿作品，营造良好宣教氛围

针对当前对教育理解不全面、不充分的问题，要发挥专家在教育理论、教育方法等方面的专业作用，编写家庭教育有关的书籍，为家长提供更多的专业化育儿支持，规范、引领、支持家庭教育，进一步引导社会和家长树立正确的教育观念，让家长学教育、会教育。同时，在全社会宣传贯彻"培养什么人、怎样培养人、为谁培养人"的深刻内涵，营造良好的

宣教氛围。关于"培养什么人"的问题，习近平总书记指出这是教育的首要问题，"我国是中国共产党领导的社会主义国家，这就决定了我们的教育必须把培养社会主义建设者和接班人作为根本任务，培养一代又一代拥护中国共产党领导和我国社会主义制度、立志为中国特色社会主义奋斗终身的有用人才"①。关于"怎样培养人"的问题，"要努力构建德智体美劳全面培养的教育体系，形成更高水平的人才培养体系。要把立德树人融入思想道德教育、文化知识教育、社会实践教育各环节，贯穿基础教育、职业教育、高等教育各领域，学科体系、教学体系、教材体系、管理体系要围绕这个目标来设计"②。关于"为谁培养人"的问题，应该继续坚持为社会主义现代化建设服务和为人民服务并重的价值取向，同时，要学习领悟习近平总书记在全国高校思想政治工作会议上提出的"四为"服务，即教育要为人民服务，为中国共产党治国理政服务，为巩固和发展中国特色社会主义制度服务，为改革开放和社会主义现代化建设服务，深刻学习领会"为谁培养人"的内涵与外延。"培养什么人、怎样培养人、为谁培养人"是教育的根本问题，不论是学历教育，还是校外培训，不论是教育系统人员，还是社会各界人士，都要认真学习理解，并在全社会共同践行，共同营造良好教育生态，推动教育沿着正确的方向前行。

第五节　强化政府担当，坚持依法依规治理

政府是校外培训治理的主体，在校外培训规范发展中发挥着决定性的作用。"双减"政策中也提出了治理目标，即学生过重作业负担和校

---

① 习近平. 坚持中国特色社会主义教育发展道路培养德智体美劳全面发展的社会主义建设者和接班人 [N]. 人民日报, 2018-9-11 (1).

② 习近平. 坚持中国特色社会主义教育发展道路培养德智体美劳全面发展的社会主义建设者和接班人 [N]. 人民日报, 2018-9-11 (1).

外培训负担、家庭教育支出和家长相应精力负担 1 年内有效减轻、3 年内成效显著，人民群众教育满意度明显提升。为了实现这个目标，政府部门必须精心组织实施，形成合力。本节将围绕政府在校外培训规范发展中发挥的作用提出意见建议，为提升政府部门治理能力和治理水平建言献策。

一、坚持党的领导，加强对校外培训机构的党建引领

党政军民学，东西南北中，党是领导一切的。2018 年 9 月，习近平总书记在全国教育大会上提出了教育改革发展新理念新思想新观点，即"九个坚持"，其中排在第一位的就是坚持党对教育事业的全面领导。可以说，中国特色社会主义最本质的特征是中国共产党领导，中国特色社会主义制度的最大优势是中国共产党领导，党是最高政治领导力量。针对校外培训机构对党建工作不够重视、培训机构党组织和工作覆盖率不高、党组织实质作用发挥不明显等问题，要进一步加强党对校外培训机构的领导。2021 年 6 月成立的校外教育培训监管司的重要职能之一就是承担面向中小学生（含幼儿园儿童）的校外教育培训管理工作，指导校外教育培训机构党的建设。此外，"双减"政策中也指出要加强党对"双减"工作的领导，各省（自治区、直辖市）党委和政府要把"双减"工作作为重大民生工程，列入重要议事日程，纳入省（自治区、直辖市）党委教育工作领导小组重点任务，结合本地实际细化完善措施，确保"双减"工作落实落地。具体而言，要根据校外培训机构的特点积极制定适合其发展的党建工作机制，加强对校外培训机构党建工作的指导，推动培训机构党的建设同步谋划、党的组织同步设置、党的工作同步开展的"三同步"机制建设，切实发挥好党组织对校外培训的引领作用。

二、坚持依法治理，通过法治途径使校外培训机构良性发展

校外培训机构治理工作开展以来，采取了证照治理、收费管理、时间管理、资金监管、合同管理等多种手段，取得了一定的成效。在这个过程中，专项治理始于政策，长远来看构建校外培训机构治理的长效机制必须将其纳入法治轨道。强化法治思维，坚持依法治理。做好"双减"工作，只有把法治作为基本思维和工作方式，才能确保治理体系的系统性、规范性、协调性，最大限度凝聚社会共识。在制定"双减"文件时，综合考虑、充分贯彻《义务教育法》、《未成年人保护法》、《民办教育促进法》及其《实施条例》、《广告法》、《反不正当竞争法》等多部法律精神，在法律的框架内明确各项政策，做到有法可依、有据可循，夯实政策的法律基础。"双减"政策印发后，我们还将会同有关部门不断完善校外教育培训领域的法律法规和文件政策，确保法律政策与时俱进。①

（一）健全完善相关法律法规，夯实依法治理的制度基础

时至今日，针对校外培训治理的政策法规体系已日渐健全，特别是"双减"政策的颁布，已经强烈地表明了党中央、国务院治理校外培训乱象的决心，对学科类校外培训起到了降温作用。有学者研究了日本学习塾治理的经验，指出日本政府依据和完善了一系列相关的法律法规，对学习塾行业进行监管和治理，以保障其有序发展。其中包括修订《教育基本法》《学校教育法实施规则》等，并利用经济法规《特定商业交易法》《公司法》《法人税法》《一般社团法人法》《不正当赠品及不正当表示防

---

① 俞伟跃. 扎实推动"双减"工作落实落地，培养担当民族复兴大任的时代新人 [N]. 中国教育报，2021-8-3（1）.

止法》《著作权法》等规范约束学习塾行业发展。① 为了推动校外培训规范发展，有必要进一步健全完善相关法律法规。一方面，要完善现有的制度体系。加强《民办教育促进法》中对校外培训的专项条款或研制出台《校外培训管理条例》，将党中央、国务院出台的规范校外培训文件中的政策精神上升为法律规范。同时，对《义务教育法》《教师法》等涉及校外培训的法律法规进行完善，依据相关法律法规，系统规范校外培训机构的经营，充分发挥《公司法》《劳动合同法》等其他领域法规的协同作用。另一方面，制度体系建设应该两手抓，一手抓"利于当下"的及时性治理规范，一手抓"利于长远"的长远性立法建设，堵住政策、管理漏洞，认清通过制度规范是为了更好地发展，规范过后应创造良好的营商环境，使校外培训机构规范、有序发展。基于此，要进一步研究针对隐形变异校外培训治理的相关制度，校外培训的治理不仅仅是治理"有证有照"的机构，同时也要治理"无证无照""有照无证"等不符合资质的校外培训，通过制度营造公平的竞争环境，营造良好的营商氛围。

（二）加强释法宣教工作，营造良好的治理氛围

改革必然会触及一些既得利益者的利益，在推进校外培训治理过程中触动最大的当属举办者的利益，举办者在合规发展、内部管理乃至未来发展战略方面均需要做出较大的调整。特别是"双减"政策实施以来，很多学科类校外培训机构遭遇了空前的打击，一些机构面临转型甚至破产倒闭，校外培训机构的教师面临着失业问题，参与校外培训的家庭短时间内也需要给孩子做出新的规划。面对由校外培训治理带来的新问题，培训机构的举办者、教师以及学生家长必然会有一些困惑。因此，需要加强释法

---

① 姚琳，马映雪. 日本校外培训机构学习塾治理探析 [J]. 比较教育研究，2020，（1）：53—60.

宣教工作，形成支持校外培训治理的合力。

　　针对举办者，要使其认识到教育行业的特殊性。教育从根本上说是培养人的一种社会活动，通过对个体传递社会生产和生活经验，促进个体身心发展，使个体社会化，并最终使社会得以延续和发展。[①] 举办者既然选择办教育就要减少个人荣辱得失的计较，通过引导举办者公益性办学，从而营造投资助教的良好氛围。此外，举办者针对"双减"政策中的一些条款存在不解之处，比如要求把现有义务教育阶段学科类培训机构统一登记为非营利机构这项条款，很多举办者认为这不是依法治理，而是一种行政强制手段。事实上，2016 年修订后的民办教育促进法第 19 条规定，不得设立实施义务教育的营利性民办学校。义务教育阶段的学科类培训机构与校内学科教育密切联系，为了减轻校外培训对义务教育造成的冲击，避免义务教育的不公平和营利化，笔者认为"双减"政策的相关条款与义务阶段学校适用了同一制度规范。类似的还有不得占用法定节假日、休息日及寒暑假开展学科类培训，法律依据来源于 2020 年修订、2021 年 6 月 1 日起实施的《未成年人保护法》。政府部门需要加强对举办者的释法工作，加深举办者对法律的理解，提升举办者依法办学的能力。针对在校外培训行业从业的广大教师，面临着失业的窘境，有的是从事多年教培行业的资深员工，有的是刚刚毕业参加人生第一份工作的大学毕业生，如果这部分群体不能认识到改革的初衷，可能会带来一系列负面效应，对其进行释法宣教很有必要，使其认识到教育是国之大计、党之大计，关系到文化的传承、社会的进步、人类的福祉，当市场失灵，校外培训机构发展陷入无序的逐利状态，将会引发更大的社会隐患，政府必须对市场进行必要的限制，从而导致部分人的利益受损。在治理的同时，要加强对从业人员再就业的帮扶，制定"一企一策一专班"工作方案。针对广大家长，不仅要使

---

① 劳凯声. 回眸与前瞻：我国教育体制改革 30 年概观 [J]. 教育学报，2015，（10）：3—12.

其知悉"双减"政策中关于校外培训的治理信息，更要使其知悉提升学校教育教学质量、开展课后多样化的服务以及扩大优质教育资源的信息，转变家长消费观念，共同努力减轻"内卷"。

（三）加强校外培训监管执法，打造专业化的教育执法队伍

当前，针对校外培训的治理力度非常大，范围非常广，"双减"政策出台后，各省纷纷表态部署。虽然在联合执法过程中取得了一定实效，但是在面对限制机构数量、限制培训时间、限制收费价格等最严监管时，基层执法面对的将是校外培训的生存问题，面对的是举办者、教师的生计问题，执法难度可想而知。面对这些新情况、新问题以及执法过程不规范出现的负面舆情，暴露出当前教育行政执法队伍不健全、执法能力相对薄弱、法治意识不强等问题。2021年8月，中共中央、国务院印发了《法治政府建设实施纲要（2021—2025年）》，指出要健全行政执法工作体系，全面推进严格规范公正文明执法，加大食品药品、公共卫生、自然资源、生态环境、安全生产、劳动保障、城市管理、交通运输、金融服务、教育培训等关系群众切身利益的重点领域执法力度。因此，要进一步加强教育领域执法工作。一方面，尽快修订《教育行政处罚暂行实施办法》，为教育执法提供依据。《教育行政处罚暂行实施办法》自1998年3月颁布实施以来，尚未做出过修订。而1996年10月施行的《中华人民共和国行政处罚法》，已经过2009年、2017年、2021年三次修订。二者相较而言，《教育行政处罚暂行实施办法》不仅不能与《行政处罚法》的一些规定相吻合，而且不能有效解决当前教育领域出现的新问题。因此，根据《行政处罚法》、教育部《关于加强教育行政执法工作的意见》及当前教育发展实际，尽快修订《教育行政处罚暂行实施办法》势在必行，从而为教育执法提供依据，提高执法规范化水平。另一方面，要加强教育执法队伍建设，提升执法人员能力水平。校外培训监管执法离不开一支熟悉有关法律、法

规、规章和业务并取得行政执法资格的执法队伍。2021 年 11 月 30 日，教育部举行颁证仪式，为教育部机关首批取得中华人民共和国行政执法证的人员颁发证件，标志着教育部已经初步形成了一支具备执法能力、具有规范证件的执法队伍，实现了持证执法人员"零"的突破。这对加强教育系统行政执法能力建设，特别是落实"双减"工作要求，依法加强对校外培训机构的日常监管，具有重要意义。地方教育行政部门也要根据需要充实执法人员，落实执法人员持证上岗和资格管理制度，推动有行政编制人员和具有执法权的事业单位工作人员参加执法资格考试并取得执法证。同时，要通过培训切实提升执法人员依法治教水平，坚持遵循公正、公开的原则，坚持文明执法、阳光执法，避免多头执法、重复执法、选择性执法，坚决杜绝层层加码、以罚代管、以罚代刑，做到事实清楚、证据确凿、适用依据正确、程序合法、处罚适当，根据《行政处罚法》第六条规定，做到"实施行政处罚，纠正违法行为，应当坚持处罚与教育相结合，教育公民、法人或者其他组织自觉守法"。

（四）树立依法治理的理念，运用法治思维和法治方式解决校外培训治理问题

2020 年首次召开中央全面依法治国工作会议，正式提出了"习近平法治思想"，这是顺应实现中华民族伟大复兴时代要求应运而生的重大理论创新成果，为全面依法治国提供了根本遵循和行动指南。面对新发展阶段、新发展理念、新发展格局，校外培训的治理必须坚持依法治理，在法治轨道上推进校外培训治理体系和治理能力现代化。正如有学者所言，改革开放 40 年民办教育的发展历程表明，构建政府依法行政、学校依法办学的教育发展新格局，以法治思维和法治方式推进民办教育改革发展，是推

进民办教育领域治理体系和治理能力现代化的重要经验。① 然而，目前运用行政思维治理校外培训的现象时有发生，而运用法治思维和法治手段治理校外培训方面仍有很大差距，立法、执法、司法、守法等领域仍存在突出矛盾和问题。因此，有必要对教育执法队伍深入开展社会主义法治理念教育，引导教育法律服务工作者坚持正确政治方向，依法依规诚信执业，认真履行社会责任。同时，要强化法治思维，运用法治方式，有效应对校外培训市场的挑战、防范风险，从风险评估、监测预警、矛盾化解、依法打击等方面着力，全面排查资金风险、上市风险、意识形态风险、社会稳定风险等，综合利用立法、执法、司法等手段开展治理，构建校外培训机构治理长效机制，确保校外培训机构治理稳步推进。

三、坚持教育督导，发挥督导在校外培训治理中的作用

每年针对教育热点难点问题，国家教育督导组织专家超过几百人次、专项督导组几十个，实地督导检查县级以上单位几百个、各级各类学校几百所，每年办理批示件近 200 份，印发督办通知几十份，充分督促指导解决热点难点问题。② 可以说，教育督导在教育事业改革的方方面面都发挥着重要的作用。针对校外培训规范发展，2021 年 8 月，国务院教育督导委员会办公室印发通知，明确将对各地落实"双减"情况建立半月通报制度，要求各省自 2021 年 8 月 30 日起，每月 15 日和 30 日前，报送"双减"工作落实进度，国务院教育督导委员会办公室在汇总分析后形成专项督导半月通报。同时，国务院教育督导委员会办公室建立"双减"曝光台，对该落实、能落实而不落实的工作，或经多次通报仍整改不到位的典型问题，直接在媒体上曝光，并依据《教育督导问责办法》启动相关问责程

---

① 阚明坤，王华，王慧英. 改革开放 40 年我国民办教育发展历程与展望 [J]. 中国教育学刊，2019，（1）：29—36.

② 何秀超. 强化教育督导护航教育事业优先发展 [J]. 中国高等教育，2018，（18）：23—26.

序。在未来的治理过程中，要进一步明确教育督导的角色定位和行动路径，更好地支持校外培训治理。

（一）明确教育督导在校外培训治理中的角色定位

目前，我国已经形成了督政、督学、评估监测三位一体的教育督导体系，因此，在校外培训治理中，教育督导可以定位为督政者、督学者和评估监测者。

1. 督政者——督导行政部门开展校外培训治理情况

《关于深化新时代教育督导体制机制改革的意见》中指出在督政方面，构建对地方各级政府的分级教育督导机制，督促省、市、县三级政府履行教育职责。可以说，对各级地方行政部门履行教育职责进行督导，是全方位压实各级政府发展教育责任的制度保障。目前，校外培训治理已经成为地方政府落实教育责任的重点工作，要针对地方落实情况有效开展督导，督促地方政府妥善应对和解决问题。一是要督导各级政府治理校外培训相关政策的制定情况。据笔者调查分析，2018 年以来，各级政府出台了各类校外培训治理的综合性文件及其配套制度，建立健全了包括法律、部门规章、地方政府规章在内的政策制度体系。相关政策的出台为校外培训治理奠定了基础，但是也不乏一些地方政府的政策存在简单照搬中央政策、大量雷同等问题，这需要督导充分发挥专业性予以评估、指导。二是要督导各级政府治理校外培训政策的执行情况。政策的生命在于执行。教育督导要监督检查相关政策法规是否真正不折不扣的予以落实，是否存在"上有政策，下有对策""有令不行，有禁不止"等政策失真问题。特别是要督导"双减"政策的落实情况。三是要督导各级政府治理校外培训取得的实际效果。治理校外培训归根结底还是要给人民群众带来实实在在的教育获得感，通过督促政府的治理行动，切实缓解社会焦虑，补齐教育短板，促进优质教育资源的丰富和均衡，提升人民群众对教育的满意度。在督政问责方面，对于没有很好完成校外培训治理的政府机构，要采取约谈、限期整改和复查等教育督导工作保障机制，保证教育督政富有成效地开展。

2. 督学者——督导校内教育教学质量

在督学方面，建立国家统筹制定标准，地方为主组织实施，对学校进行督导的工作机制，指导学校不断提高教育质量。校外培训治理不仅仅是针对校外的治理，还要认识到校外培训之所以如此火热，根源在于校内教育与人民的需求还有一定的差距。因此，教育督导要不断推动校内教育水平地持续提高，促进校内育人能力地不断提升。一方面，督导校内教育教学质量地提升，督促学校严格按照国家发布的课程方案、课程标准和学校教学计划，开足、开齐、开好每门课程，杜绝"非零起点教学""课上不讲课后讲"等乱象行为。另一方面，督导校内教育做好课后服务，强化中小学校在课后服务中的主渠道作用，建立弹性离校制度。在督学问责方面，对于不合格的学校，要督促进行积极整改，对于不合格的教师，要严肃问责，直至取消违规教师的教师资格。

3. 评估监测者——督导校外培训综合办学情况

在评估监测方面，建立教育督导部门统一归口管理、多方参与的教育评估监测机制，为改善教育管理、优化教育决策、指导教育工作提供科学依据。对校外培训机构的科学评估监测，是发现校外培训机构存在问题的重要手段，是精准开展督政、督学的重要前提，只有准确地发现了问题，才能有效解决问题。一是统筹监测校外培训机构的培训质量。不同类型、不同规模的校外培训机构，在师资水平、经费投入、优质资源等方面均存在一定的差异，学生和家长很难在短时间内辨别清楚，这就需要督导通过长期的监测，确保校外培训的质量，确保正确的办学方向。二是推动校外培训机构黑白名单制度的落实。对通过审批登记的，在政府网站上公布校外培训机构的名单及主要信息，对未经批准登记、违法违规举办的校外培训机构，予以严肃查处并列入黑名单，让社会各界享有知情权，并以此为依据更好地做出选择。三是引导社会力量参与评价校外培训机构，加快推进"管办评"分离。例如，可以引入行业协会等第三方评价机构，更好地发挥"以评监管、以评促办"的重要作用，提高校外培训的治理水平。在评估监测问责方面，对于不合格的校外培训机构，要采取公示、公告、限期整改和取缔等手段予以惩戒。

（二）教育督导在治理校外培训中的行动路径

推动校外培训规范发展，教育督导是关键，督政者、督学者和评估监测者的角色缺一不可，要紧紧围绕教育优先发展、促进教育公平、提高教育质量的中心任务，积极面对校外培训治理中的诸多困难，采取一系列的行动策略，在教育督导的新起点做出更加突出的贡献。

1. 推动教育督导机构建设，提升督导校外培训的能力水平

不论是校外培训的专项治理行动，还是校外培训长效机制的构建，教育督导的作用不容置疑。针对治理机构不明确、督导定位难以把握的问题，必须引起各级党委、政府的重视，认真履行教育督导职责。一方面，要加强教育督导机构建设，科学配置督导人员编制，确保负责校外培训治理的督导机构独立行使职能。另一方面，要明确各级政府教育督导的职责定位，厘清国家、省、市、区县四级督导体系在校外培训治理中的功能。国家层面着重加强对各级政府在校外培训治理中发挥的作用进行督导，全面监测评估党的教育方针的落实情况等；省级层面要充分发挥好承上启下的作用，配合国家做好专项治理的同时，因地制宜，制定好覆盖全省的地方性政策，确保省域内校外培训有序发展；市级层面要加强对国家和省级层面相关政策的解读，确保市域范围内学校的教育教学质量，指导区县督

导部门克服治理中面对的难题、困难；区县层面重点负责校外培训督导的执行，确保相关教育政策的落实，并将相关督导结果逐级上报，从而充分发挥国家、省、市、区县四级督导体系在校外培训治理中的重要作用。

同时，没有专业化的教育督导人员，就没有专业化的教育督导机构，也就没有专业化的教育督导。所以，教育督导工作的专业性必须以教育督导人员的专业化为前提。① 面对规模庞大、类型多样的校外培训机构，如果督导人员不专业，就无法达到督导的目的。一方面，要对督导队伍开展治理校外培训机构的专项培训，掌握校外培训发展的历史脉络、当前现状，研判校外培训未来发展的趋势，重点学习"双减"政策精神。另一方面，要培养督导敢于"碰钉子"的精神，正如前文所述，校外培训涉及的利益关系复杂，对校外培训机构的督导不能以对体制内学校督导的观念来推动，要做好"碰钉子"的心理准备，对于一些态度中立、不以为然的校外培训机构敢于亮剑，改变"督学"难督到底、"督政"难督到位的状态，切实实现本地校外培训治理地有序推进。此外，要建立健全教育行政执法与教育督导的协同机制，教育行政部门执法信息要及时通报同级教育督导机构，教育督导机构、督学在督导检查过程中发现校外培训机构、教师的违法行为，需要通过行政执法方式处理的，应当及时将违法线索、相关证据移送教育行政部门依法予以处理。

2. 推动相关政策有效落实，确保督导结果有效运用

不论是 2012 年颁布的《教育督导条例》，还是 2014 年颁布的《深化教育督导改革转变教育管理方式意见》，亦或是 2020 年颁布的《关于深化新时代教育督导体制机制改革的意见》，无一不是为了教育督导赋能，提升教育督导的威慑力，强化教育督导的权威性和实效性。因此，教育督导

---

① 黄崴. 我国教育督导体制现状、问题与改革路径 [J]. 教育发展研究, 2009, (12): 16—20.

作为监督、指导政府部门落实教育政策、履行教育职责的机构，首先要确保教育督导相关政策的有效落实，充分发挥督导"长牙齿"的震慑作用，树立教育督导行政权威，更好地督导校外培训治理等其他教育热点难点问题。具体而言，要确保及时发布督导结果，接受公众监督，如山东省潍坊市将教育督导结果连续在《潍坊日报》公布了15次，督导结果作为当年教育工作先进单位评选和县市区党政领导政绩考核的重要依据，先进的县市区不敢懈怠，落后的县市区更是加压奋进，营造了你追我赶、创先争优的浓厚氛围。[①] 此外，要强化督导的问责机制。2021年7月，国务院教育督导委员会印发《教育督导问责办法》中指出，未按要求加强各类学校和其他教育机构管理，存在超标超前培训、虚假宣传、超期收费等违法违规行为，侵害师生合法权益，出现教师师德严重失范、学生欺凌等危害学生身心健康情况或重大负面舆情，要予以问责。进一步明确了督导问责的权力，做到有责要担当，失责必追究，针对政府、学校、校外培训机构在校外培训中的不良举措、不当行为，要敢于问责，敢于在关键时刻唱"黑脸"，强化教育督导和评估监测结果使用，作为资源配置、干部任免和表彰奖励等的重要依据。

3. 创新督导方式方法，充分应用信息化手段进行督导

随着大数据、云计算、物联网、人工智能等信息技术地快速发展，给教育督导创新方式方法提供了新的路径。针对校外线上线下混合培训发展的趋势，要积极采取"互联网+监管"新模式，积极稳妥推进对校外培训的督导。首先，要积极树立信息化督导的理念，正确认识信息化对教育体系产生的革命性影响。没有教育信息化就没有教育现代化，要推进信息技术与教育督导的深度融合。其次，要充分运用已有的大数据平台，做好校

---

① 薛二勇，徐友礼. 教育督导的制度创新与实施路径——山东省潍坊市教育政策执行过程研究 [J]. 中国教育学刊, 2017, (4): 44—49.

外培训的督导。教育督导机构要充分依托已有平台实现对数据和资源的使用，避免重复工作，逐渐增加线上督导的内容，形成线上和线下督导相结合的局面。再次，教育督导要积极应用现有的信息技术手段，提高督导工作的针对性、科学性。从技术和方法的角度上，教育督导可以做到跟踪到每一个学生、每一个教师、每一个课堂、每一门课程，从最细粒度积累教育大数据。① 通过信息化手段，既重视"督"，也重视"导"。"督"主要是从行政的角度开展工作，而"导"主要是从专业的角度开展工作，从"以'督'为主"走向"监督、指导相结合"。② 这样才能够更好地引导校外培训走向正轨。

四、坚持综合治理，形成合力共同推动校外培训治理

2021 年"两会"期间，习近平总书记在参加全国政协会议的医药卫生界教育界委员联组会时指出"培训乱象，可以说是很难治理的顽瘴痼疾。家长们一方面都希望孩子身心健康，有个幸福的童年；另一方面唯恐孩子输在分数竞争的起跑线上。这些问题都属于社会性问题，不是教育部门单独可以解决的，需要社会各方面、各有关部门共同努力研究解决"。③ 可以说，校外培训规范发展是一项系统工程，必须统筹有关部门各司其职、分工协作，形成综合治理合力，才能确保积极稳妥推进。教育行政部门要继续全面深化教育领域改革，切实解决教育面临的深层次问题，以教育评价改革为抓手，改变"错误的教育政绩观"和"片面的考试评价观"，深化中高考命题改革和招生入学改革，切实提高命题质量，注重考查学生的综合素质，缓解竞争压力，推动教育均衡发展，加快在线公共优质资源建

---

① 杨宗凯. 信息化驱动教育督导现代化 [J]. 国家教育行政学院学报，2017，(7)：3—8.
② 杨润勇. 关于构建我国教育督导政策体系的思考 [J]. 教育研究，2007，(8)：28—33.
③ 张晓松，邹伟. "办好人民满意的教育"——习近平总书记在全国政协医药卫生界教育界联组会上回应教育领域热点问题 [N]. 中国教育报，2021-3-7 (1).

设，满足贫困地区学生对数字化优质资源的需求，从而推动促进教育公平。司法部门要加强针对校外培训的法治工作，推动《家庭教育促进法》的落实，提升家长自身的素质能力，理性帮助孩子设定人生目标，理性看待青少年培养培训和成长成才，实现家长从"拼娃"观念向科学育儿观念的转变，同时要明确家庭教育指导服务机构、家庭教育服务机构的职责，避免由家庭教育不规范带来的过度竞争。发改部门要尽快制定出台加强校外学科类培训收费监管的政策意见，科学制定收费标准，降低过高收费，遏制过度逐利行为，合理制定课后服务收费标准，加强收费政策监督。公安部门要严厉打击涉校外培训机构违法犯罪，做好相关风险防范应对处置工作，维护社会大局稳定。市场监管部门把好入口关，做好校外培训机构登记工作，对于已经登记的学科类营利性培训机构，要依法做好变更和注销登记，严格按照"先证后照"原则，做好市场主体登记，同时加强校外培训机构市场监管和保护消费者合法权益。人民银行、银保监、证监部门及时出台专项政策，加强校外培训机构预收费账户和资金监管，针对校外培训机构资金变动、异常等情况，及时通报预警，及早采取干预措施，防范卷钱跑路，落实"双减"政策及时清理整顿培训机构融资、上市等行为。在各部门的密切配合下，突出互联网培训巨头、大型连锁品牌等重点对象，突出寒暑假、法定节假日、周末等重点时段，突出在职教师、外教等重点群体，突出北京、上海、广州等重点区域，突出资金、超纲超前等重点环节，推动校外培训治理落到实处，办好人民满意的教育，推动学生全面发展。

参考文献

1. Bray, T. M. *The shadow education system: Private tutoring and its implications for planners*[M]. Paris: UNESCO, 1999.

2. Stevenson, D. L. ,& Baker, D. P. Shadow education and allocation in formal schooling: Transition to university in Japan[J]. *American Journal of Sociology*, 1992, 97(6).

3. 安东尼·威廉·贝茨. 自动化还是赋权: 在线学习路在何方? [J]. 肖俊洪, 译. 中国远程教育, 2016, (4).

4. 陈彬莉, 白晓曦. 家庭社会经济地位、家长同辈群体压力与城镇小学生补习——基于北京市海淀区小学调查[J]. 清华大学教育研究, 2015, (9).

5. 代蕊华, 仰丙灿. 国外校外培训机构治理: 现状、经验、问题及其启示[J]. 教师教育研究, 2017, (9).

6. 丁亚东, 范勇, 薛海平. 竞争到合作: 学校与影子教育机构的关系模式分析[J]. 现代教育管理, 2018, (9).

7. 董圣足. 民办学校"关联交易"的规制与自治[J]. 复旦教育论坛, 2018, (4).

8. 管佳, 李奇涛. 中国在线教育发展现状、趋势及经验借鉴[J]. 中国电化教育, 2014, (8).

9. 胡咏梅, 范文凤, 丁维莉. 影子教育是否扩大教育结果的不均等——

基于 PISA 2012 上海数据的经验研究[J].北京大学教育评论,2015,(7).

10. 焦建利,周晓清等.疫情防控背景下"停课不停学"在线教学案例研究[J].中国电化教育,2020,(3).

11. 焦玉婷.教育生态观视角下我国线上影子教育的治理路径探究[J].教育导刊,2019,(11).

12. 课题组.扭转教育功利化倾向[J].教育研究,2020,(8).

13. 劳凯声.回眸与前瞻:我国教育体制改革 30 年概观[J].教育学报,2015,(10).

14. 雷万鹏.高中生教育补习支出:影响因素及政策启示[J].教育与经济,2005,(1).

15. 李曼,刘熙.民办教育培训机构的治理困境与政策应对[J].中国教育学刊,2018,(7).

16. 梁林梅,赵柯杉.美国 K-12 在线教育:现状、系统结构与政策分析[J].中国电化教育,2017,(11).

17. 刘泽云,李杨,王骏.教育补习会影响小学生体质健康吗?——基于北京市的调查研究[J].教育经济评论,2018,(9).

18. 陆道坤,王超,丁春云.论校外培训机构对基础教育的侵越与干扰[J].中国教育学刊,2019,(1).

19. 陆伟.公共政策选择与影子教育参与[J].比较教育研究,2019,(8).

20. 马克·贝磊.政府与家庭的教育经费分担:寻求适当的平衡[J].李梅,译.北京大学教育评论,2003,(2).

21. 马克·贝磊."影子教育"之全球扩张:教育公平、质量、发展中的利弊谈[J].廖青,译.比较教育研究,2012,(2).

22. 马婷.小学生学业负担来源、影响及减负对策分析[J].考试研究,2019,(6).

23. 祁占勇,于茜兰.校外培训机构治理政策的内容分析[J].现代教育管理,2019,(3).

24. 邱昆树,王一涛,周朝成.论政府对民办教育培训机构监管的责任担当[J].中国教育学刊,2018,(6).

25. 阙明坤,王华,王慧英.改革开放40年我国民办教育发展历程与展望[J].中国教育学刊,2019,(1).

26. 孙伦轩,唐晶晶.课外补习的有效性——基于中国教育追踪调查的估计[J].北京大学教育评论,2019,(1).

27. 魏易,薛海平.我国基础教育阶段家庭校外培训的消费行为研究——基于2017中国教育财政家庭调查的分析[J].教育学报,2019,(12).

28. 文军,李珊珊.文化资本代际传递的阶层差异及其影响——基于上海市中产阶层和工人阶层家庭的比较研究[J].华东师范大学学报(哲学社会科学版),2018,(4).

29. 吴岩.教育公平视角下初中阶段教育补习现状研究——以广州市为例[J].教育研究,2014,(8).

30. 薛海平,丁小浩.中国城镇学生教育补习研究[J].教育研究,2009,(1).

31. 薛海平.从学校教育到影子教育:教育竞争与社会再生产[J].北京大学教育评论,2015,(3).

32. 杨晓宏,周效章.我国在线教育现状考察与发展趋向研究——基于网易公开课等16个在线教育平台的分析[J].电化教育研究,2017,(8).

33. 姚琳,马映雪.日本校外培训机构学习塾治理探析[J].比较教育研究,2020,(1).

34. 姚林群,吴佳妮.如何开展中小学在线学习项目?——基于加拿大安大略省的经验与启示[J].现代教育技术,2019,(11).

35. 于金申,贾利帅.日本"影子教育"的治理与启示[J].当代教育科学,2020,(4).

36. 约翰·丹尼尔.灵活性:在线学习的核心要素[J].李薇,译.中国远程教育,2017,(1).

37. 曾满超,丁小浩,沈华.初中生课外补习城乡差异分析[J].教育与经济,2010,(2).

38. 张冰."影子教育"与中国"新中间阶层"的文化再生产——从布迪厄的文化资本理论说开去[J].教育理论与实践,2017,(22).

39. 张薇.中国校外培训规范治理:统一的政策,多样的回应[J].全球教育展望,2020,(2).

40. 周霖,周常稳.韩国影子教育治理政策的演变及其启示[J].外国教育研究,2017,(5).

41. 朱洵.教育全球化中的影子教育与文化资本理论[J].清华大学教育研究,2013,(8).

42. 邓小平.邓小平文选(第二卷)[M].北京:人民出版社,1994:93.

43. 顾明远.教育大辞典(第1卷)[M].上海:上海教育出版社,1990:7.

44. 刘宇辉.坚持以人民为中心推进"双减"工作[N].中国教育报,2021-7-13(2).

45. 王平.多措并举减轻学生作业和校外培训负担[N].中国教育报,2021-7-20(2).

46. 习近平.坚持中国特色社会主义教育发展道路培养德智体美劳全面发展的社会主义建设者和接班人[N].人民日报,2018-9-11(1).

47. 俞伟跃.扎实推动"双减"工作落实落地,培养担当民族复兴大任的时代新人[N].中国教育报,2021-8-3(1).

48. 张志勇."双减"背后教育观念的大变革[N].中国教育报,2021-8-7(1).

后 记

我主要从事教育法、教育政策领域的研究，特别是长期关注教育政策对民办教育发展的影响。改革开放以来，在教育政策的影响下，从民办幼儿园、民办中小学到民办高校，再到校外培训都取得了快速发展，为我国教育事业做出了巨大贡献。我在这些年的研究过程中，结识了一些有情怀的为民办教育"鼓与呼"的专家和认真办教育的举办者，感受了民办教育的进步与发展。同时，一些不规范的办学行为确实也影响了全国的教育生态，阻碍了教育改革发展。当前，民办教育的发展走到了十字路口，要从粗放式发展向内涵式发展转变，从过度逐利向更具公益性转变，从智育第一向立德树人、德智体美劳全面育人转变，方能走上真正办教育的坦途。

对于我而言，一本书的完成既是一段旅程的终点，也是另一段旅程的起点。在这段旅程中，从2018年开始重点关注校外培训，转眼已有近四年的时间，回忆起来既艰辛又幸运。研究校外培训治理问题，难度还是比较大的，因为校外培训的负面影响是近几年集中爆发的，前期针对这个问题的研究相对较少，关注的学者也十分有限，我在研究过程中前往多地调研，每有一点感悟都尽快记录下来，不断积累才得以形成此成果。幸运的是我研究的是自己非常感兴趣的话题，还获得了北京市教育科学规划、国家教育行政学院学术文库出版基金、中国民办教育协会课题的支持，并且在专家学者、行政部门官员、行业机构从业者和学生家长的支持下，多次组织专家研讨会、调研会，使研究得以顺利开展。在今后的研究中，我将一如既往地关注民办教育，关注校外培训，希望在规范发展的前提下，民办教育能取得更大进步，为办好人民满意教育、建设教育强国发挥更大作用。

我要对撰写过程中给予指导与帮助的官员、专家学者、校外培训行业人员等表示衷心的感谢。教育部政策法规司副司长王大泉、法制办处长翟刚学，中央教育工作领导小组秘书组秘书局处长张岩，校外教育培训监管司处长徐攀、石天，陕西省教育厅民教处处长陈国栋，国家教育行政学院常务副院长、党委书记侯慧君，副院长于京天，教育行政教研部主任司洪昌教授，科研处长李海鹏，北京外国语大学特聘教授国际教育学院院长秦惠民，北京师范大学高等教育研究院院长周海涛教授，首都师范大学教育学院教育经济与管理研究所所长薛海平教授，中国民办教育协会秘书长贾伟、副秘书长丁秀棠，校外培训教育专业委员会理事长叶齐炼、执行理事长兼秘书长王文博，北京市教育科学研究院教育发展研究中心副主任刘熙，51Talk董事长黄佳佳，小天鹅教育科技集团董事长胡雪，新东方公共事务副总裁王学文，爱学习副总裁田莉等在研究过程中给予大量指导和帮助。在调研过程中，得到全国多地教育局局长的支持，还有许多未能一一述及的领导、专家学者、同事、行业从业者和朋友，在此我表示衷心感谢！同时，在我写作过程中，我的家人不辞辛劳、默默付出、鼎力支持，在此我一并表示衷心感谢！

受时间、精力所限，书中难免有疏漏不足之处，敬请广大读者予以谅解并批评指正。

杨　程

2022 年 1 月 1 日于北京